아이패드로
나만의 음악 만들기
with 개러지밴드

오늘부터 프로듀서!
아이패드로 나만의 음악 만들기 with 개러지밴드

1쇄 발행 2023년 9월 18일

지은이 오렌지노(이진호)
펴낸이 장성두
펴낸곳 주식회사 제이펍

출판신고 2009년 11월 10일 제406-2009-000087호
주소 경기도 파주시 회동길 159 3층 / **전화** 070-8201-9010 / **팩스** 02-6280-0405
홈페이지 www.jpub.kr / **투고** submit@jpub.kr / **독자문의** help@jpub.kr / **교재문의** textbook@jpub.kr

소통기획부 김정준, 송찬수, 박재인, 배인혜, 나준섭, 이상복, 김은미, 송영화, 권유라
소통지원부 민지환, 이승환, 김정미, 서세원 / **디자인부** 이민숙, 최병찬

기획 및 교정·교열 배인혜 / **내지·표지 디자인** 다람쥐생활
용지 타라유통 / **인쇄** 한길프린테크 / **제본** 일진제책사
ISBN 979-11-92987-41-5 (13000)
값 22,000원

제이펍은 여러분의 아이디어와 원고를 기다리고 있습니다. 책으로 펴내고자 하는 아이디어나 원고가 있는 분께서는
책의 간단한 개요와 차례, 구성과 지은이/옮긴이 약력 등을 메일(submit@jpub.kr)로 보내 주세요.

오늘부터 프로듀서!

아이패드로

나만의 음악 만들기

with 개러지밴드

오렌지노(이진하) 지음

악기 연주, 녹음, 믹싱, ChatGPT AI 활용까지,
취미로 시작하는 오렌지노의 작곡 입문

Jpub
제이펍

음악은 삶을 풍요롭게 만들어 주며, 언제나 우리 곁에 있는 친숙한 예술입니다. 때때로 마음을 위로해 주고, 가끔은 웃음을 안겨 주며, 어느 날은 마음속 깊은 감정을 자극합니다. 그래서 음악은 자신의 감정을 파악하고 빚어내는 강력한 도구이지요.

오늘날 악기 연주와 음악 창작은 더 이상 전문가만의 영역이 아닙니다. 이 책을 통해 여러분은 대중적인 취미로서 음악 창작의 새로운 가능성을 발견하게 될 것입니다. 이 책에서는 이러한 음악의 마법을 디지털 도구인 아이패드로 탐구해 봅니다.

예전에는 작곡이나 연주를 하려면 비싼 장비나 악기가 필요했습니다. 그림을 그리거나 글쓰기를 하는 것보다 준비가 까다로웠습니다. 그래서 쉽게 음악을 만들 수 있는 도구가 없었지만, 이제는 아이패드가 그 역할을 할 수 있습니다. 아이패드 개러지밴드는 복잡한 장비나 고가의 프로그램 없이도 음악을 만들 수 있는 유용한 도구입니다. 물론 창작은 복잡하고 쉽지 않은 과정입니다. 그러나 개러지밴드의 스마트한 기능들과 더불어, 최근의 핵심 화두 기술인 AI의 도움을 받으면 더욱 쉽게 도전할 수 있습니다.

이 책은 여러분의 음악 창작 여정을 함께할 가이드입니다. 여러분은 아이패드 개러지밴드로 자신만의 음악을 만들거나, ChatGPT로 AI 작곡 과정을 이해하며 자신만의 음악적 감각을 개발할 수 있습니다. 모든 과정은 처음에는 낯설고 어색하게 느껴질 수 있습니다. 하지만 이제는 리스너의 벽을 넘어 자신만의 음악적 세계를 창조하는 즐거움을 맛보시기를 바랍니다.

자, 이제 창의력을 마음껏 펼쳐볼 시간입니다. 아이패드로 스마트하게 악기를 연주하세요. 나만의 스타일로 편곡을 시도해 보세요. 또 DJ가 되어 비트 위의 나그네가 되어 보세요!

2023년 9월

오렌지노(이진호)

아이패드로 연주부터 작곡까지 즐길 수 있는 개러지밴드의 기능을 그대로 담았습니다. 개러지밴드의 기초부터 심화까지 따라 하며 배울 수 있도록 실습을 구성하였습니다. 피아노, 기타, 드럼처럼 일반적인 악기 연주부터 루프와 Autoplay 등을 활용한 개러지밴드만의 스마트한 응용법까지 빠짐없이 살펴보세요.

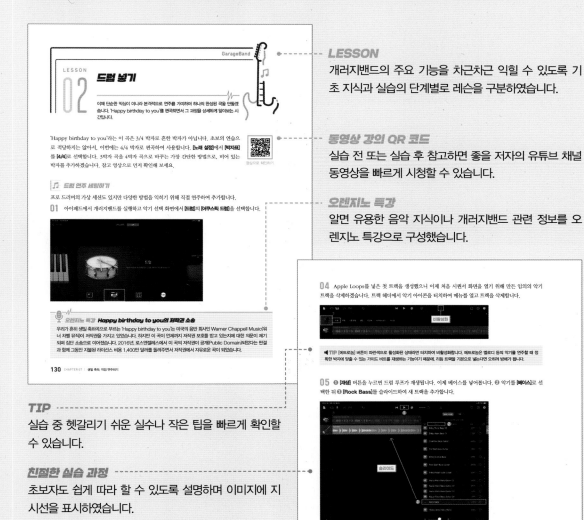

LESSON
개러지밴드의 주요 기능을 차근차근 익힐 수 있도록 기초 지식과 실습의 단계별로 레슨을 구분하였습니다.

동영상 강의 QR 코드
실습 전 또는 실습 후 참고하면 좋을 저자의 유튜브 채널 동영상을 빠르게 시청할 수 있습니다.

오렌지노 특강
알면 유용한 음악 지식이나 개러지밴드 관련 정보를 오렌지노 특강으로 구성했습니다.

TIP
실습 중 헷갈리기 쉬운 실수나 작은 팁을 빠르게 확인할 수 있습니다.

친절한 실습 과정
초보자도 쉽게 따라 할 수 있도록 설명하며 이미지에 지시선을 표시하였습니다.

나의 노래

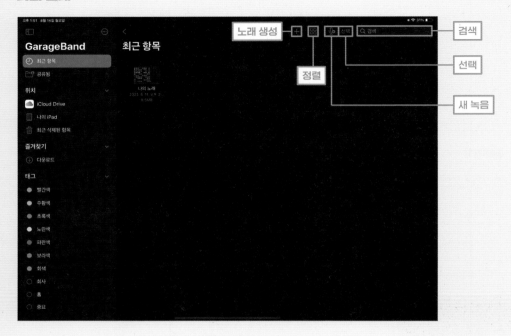

노래 생성
검색
정렬
선택
새 녹음

악기 선택

[LIVE LOOPS/트랙] 전환하기
나의 노래 화면 열기
악기 선택하기

악기 연주

- 트랙 제어기
- 악기 선택 화면 열기
- 메트로놈
- 제어 막대
- 악기 소리 바꾸기
- [코드/음표] 전환하기
- AutoPlay 패턴 바꾸기

시퀀서(트랙 뷰)

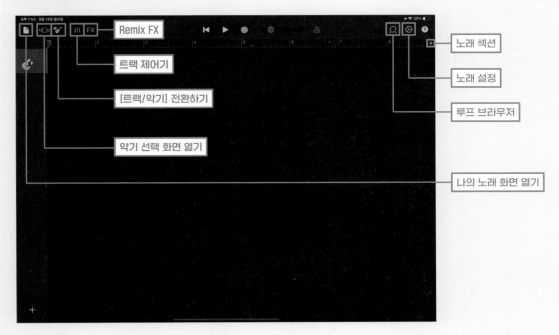

- Remix FX
- 트랙 제어기
- [트랙/악기] 전환하기
- 악기 선택 화면 열기
- 노래 섹션
- 노래 설정
- 루프 브라우저
- 나의 노래 화면 열기

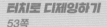

우리는 이 책에서 개러지밴드의 여러 가지 기능을 활용하여 음악을 만드는 실습을 할 것입니다. 최대한 이해하기 쉽도록 자세하게 풀어서 설명하고자 노력했지만, 아이패드를 옆에 두고 직접 따라 하면서 음악을 듣고 연습하면 더욱 쉽고 즐겁게 배울 수 있습니다.

본문에서 설명하는 실습 내용을 오렌지노 유튜브 채널에 방문하여 더욱 편하게 확인해 보세요. 또한 아래에서 소개하는 영상 이외에도 오렌지노 유튜브 채널에 방문하시면 더욱 다양한 영상을 확인할 수 있습니다.

▶ **오렌지노 유튜브 채널:** https://www.youtube.com/@ipadmusic

터치로 디제잉하기
53쪽

드럼으로 박자 연습하기
104쪽

음계와 음정
107쪽

화음 알고 가기
115쪽

연주를 가미한 편곡하기
130쪽

AI 작곡 살펴보기
191쪽

아이패드로
연주부터 작곡까지

아이패드로 즐기는 취미 생활은 이제 드로잉에서

악기 연주, 샘플링 및 음악 프로듀싱까지 나아가게 될 것입니다.

무료 앱 개러지밴드로 할 수 있는

무궁무진한 음악 창작 활동에 참여해 보세요.

LESSON 01

아이패드 취미 생활, 드로잉만큼 재미있는 음악 연주와 커버송 만들기

아이패드는 이제 동영상 시청이나 게임 플레이에서 그치지 않고, 창작자의 도구가 되었습니다. 음악도 쉽고 재미있게 즐길 수 있다는 사실! 함께 배워 봅시다.

🎵 아이패드로 다양한 취미 생활 즐기기

최근 몇 년간 인기 있는 온라인 강좌 중 하나는 바로 '아이패드 드로잉'입니다. 아이패드의 다양한 드로잉 애플리케이션과 애플 펜슬만 있으면 마음껏 그림을 그리며 힐링 할 수 있어서, 많은 사람이 즐기는 유행이 되었습니다.

▲ 출처: 클래스101 디지털 드로잉

온라인 강의 플랫폼인 CLASS101+(클래스101+)를 보면, '디지털 드로잉'을 따로 카테고리로 등록할 정도로 취미 드로잉은 큰 인기를 끌었습니다. 아이패드로 넷플릭스, 유튜브 등 동영상을 감상하거나 게임 등을 즐기는 데에 그치지 않고 생산적인 취미를 즐기는 문화가 형성된 것으로 보입니다.

그에 비해 '아이패드 개러지밴드'는 집필 시기를 기준으로 저자 오렌지노의 '아이패드 개러지밴드 앱으로 드럼, 기타, 현악기 연주 마스터하기'를 포함하여 2개뿐이고, '아이패드 음악' 강의로 검색했을 때 나오는 아이패드 관련 강의 중 실제 음악 강의는 3개뿐입니다.

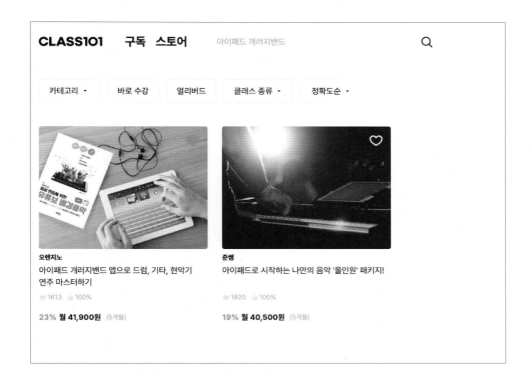

사실 미술과 음악은 모두 학창 시절에 배웠던 대표적인 예술 활동인데요, 음악을 만드는 일은 어려운 일 같고 아직 전문가의 영역으로 인식되어 나만의 음악을 작곡하는 데 뛰어드는 사람이 많지 않은 것이 현실입니다. 그림을 그리거나 사진을 찍고 글을 쓰는 등의 창작 활동에는 상대적으로 쉽게 도전하는데 말이죠. 하지만 악기 연주, 편곡을 넘어 작곡 또한 곧 대중적인 취미가 될 가능성이 충분합니다.

물론 아무런 도구 없이 음악을 쉽게 만들 수 있는 것은 아닙니다. 과거에는 적어도 하나 이상의 실제 악기를 연주할 수 있어야 했습니다. 그리고 화성학 지식이 어느 정도는 필요했습니다. 또한 본격적으로 시작하려면 기술이나 장비 등의 진입 장벽도 있었습니다. 또한 얼마 전까지는 컴퓨터 작업으로 음악을 하려면 장비를 구입하고 고가의 프로그램을 활용하여 음악을 만들어야 했습니다.

하지만 이제는 음악 지식이 많지 않아도 쉽게 연주할 수 있는 가상 악기들이 늘어났고, 스마트폰이 등장하면서 연주나 작곡을 쉽게 도와주는 애플리케이션이 속속 나타나기 시작했습니다. 스마트폰 초창기에는 아이팟 터치, 아이폰을 통해 음악 연주가 가능한 애플리케이션이 쏟아져 나왔습니다. 반면 안드로이드 등 다른 운영체제를 사용하는 스마트폰은 레이턴시(latency) 즉, 자극과 반응 사이의 시간이 길어 터치했을 때 소리가 바로 나오지 않기에 실시간 연주가 힘들었습니다. 따라서 악기 애플리케이션은 아이패드와 아이폰을 사용하는 앱스토어에서 더 빠르게 발전할 수 있었습니다.

2011년, iOS용 개러지밴드(GarageBand) 애플리케이션의 등장은 누구나 쉽게 아이패드로 음악을 만들 수 있게 만든 중요한 사건입니다. 2004년에 맥(MAC)용으로 출시했던 개러지밴드를 아이폰과 아이패드에서 사용할 수 있게 되어 훨씬 간편하게 실제와 가까운 연주가 가능해졌습니다.

개러지밴드는 아이폰, 아이패드, 아이맥, 맥북에서 전부 작곡과 연주가 가능합니다. 다만 터치 기반으로 연주하는 아이패드가 가장 쉽게 연주할 수 있는 기기입니다. 물론 아이폰도 연주가 가능하지만 화면 크기에 따라 기기별 장단점이 있습니다.

아이폰 연주 화면

아이패드 에어3, 프로11인치 연주 화면

아이패드 프로 12.9인치 연주 화면

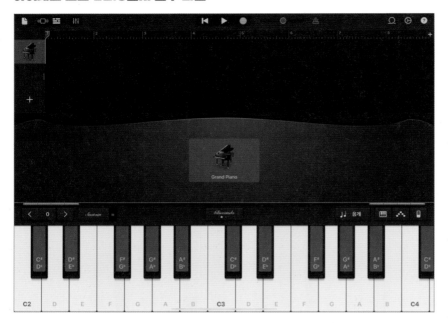

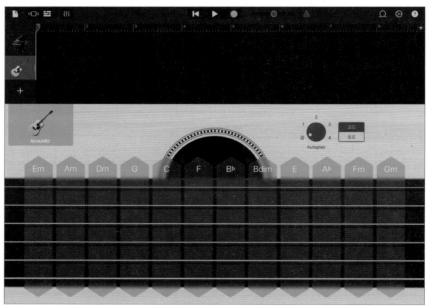

예를 들어, 피아노 건반 연주를 할 때 화면이 클수록 쉽다는 것은 누구나 예상할 수 있습니다. 편리하게 코드 연주를 할 수 있는 Smart Guitar는 집필 시기를 기준으로 아이패드 프로 12.9인치 모델만 12개의 코드까지 활용할 수 있습니다. 그 외의 아이패드 기종과 아이폰은 8개의 코드까지 활용할 수 있다는 점을 참고하시기 바랍니다. 물론 8개의 코드만으로 대부분의 곡을 연주할 수 있기에, 이미 아이패드가 있는데 아이패드 프로 12.9인치 모델로 바꿀 필요는 없습니다.

LESSON 02

아이패드 음악 활동의 최근 변화

2023년 5월, 아이패드에서 활용할 수 있는 최고의 유료 음악 앱이 등장했습니다. 맥 기반에서 많은 음악인이 다루는 로직 프로가 아이패드용으로 출시된 놀라운 소식이었습니다.

🎵 로직 프로 아이패드용 출시

여전히 개러지밴드는 최고의 무료 음악 앱입니다. 음악 작업을 위한 대부분의 작업을 개러지밴드로 할 수 있기 때문입니다. 하지만 프로듀싱 욕심이 좀 더 난다면 아이패드용으로 새로 출시된 로직 프로(Logic Pro)를 활용할 수 있습니다.

아이패드용 로직 프로 가격은 구독 방식이고, 집필 시기를 기준으로 월간 6,900원/연간 69,000원입니다. 새로 출시된 만큼 1개월 무료 체험을 제공하고 있습니다. 아이패드에서 사용할 수 있는 로직 프로의 주요 기능을 간단히 소개합니다.

▲ 출처: 애플 공식 홈페이지

가상 악기 및 신호 프로세싱

로직 프로는 다양한 가상 악기와 신호 프로세싱 플러그인을 제공하여 다채로운 음악 표현이 가능합니다. 다양한 악기 소리와 이펙트를 자유롭게 조작하여 원하는 사운드를 창조할 수 있습니다. 또한 MIDI 편집 기능을 통해 음악의 미세한 조정과 수정을 손쉽게 할 수 있습니다.

전문적인 믹싱 및 마스터링

로직 프로는 뛰어난 믹싱 및 마스터링 기능을 제공하여 음악의 품질을 전문적인 수준으로 끌어낼 수 있습니다. 다양한 이펙트, 필터, 이퀄라이저를 사용하여 사운드의 밸런스와 톤을 조정할 수 있으며, 오디오 파일을 세밀하게 편집하여 완성도 높은 음악을 만들어 낼 수 있습니다.

개러지밴드는 음원의 완성도를 높이는 마스터링 과정에서 전체 트랙을 조정하는 이펙터 기능 등을 사용할 수 없어 프로듀싱으로는 아쉬움이 있지만, 로직 프로로 마무리 작업을 한다면 완성도 높은 음원을 제작할 수 있습니다. 하지만 마스터링 작업이 아니라면 대부분의 기능을 개러지밴드에서 활용할 수 있으므로, 초보 음악인이 로직 프로를 바로 구입하는 것을 추천하지는 않습니다.

🎵 AI 작곡의 가능성, ChatGPT와 함께

이 책을 통해 음악 지식 없이 아이패드 개러지밴드로 음악을 연주하고 편곡, 작곡을 진행하는 과정을 배우더라도 창작에 필요한 감각을 혼자서 익히기는 쉽지 않을 것입니다. 이럴 때 AI의 도움을 받을 수 있다면, 코드 진행과 같은 다소 어려운 부분을 쉽게 도전할 수 있습니다.

최근 가장 화제가 되고 있는 생성형 AI 도구이자 챗봇인 ChatGPT를 활용하면 작곡을 하는 방법을 모르더라도 창작을 위한 도움을 받고 아이패드 개러지밴드로 쉽게 연주하여 음악을 만들 수 있습니다.

여러분은 이 책의 가이드를 따라 하는 것만으로 아이패드 개러지밴드로 기성곡을 편곡하여 나만의 스타일로 만들고, ChatGPT의 도움을 받아 AI 작곡 과정을 진행할 수 있게 될 것입니다. 더 자세한 내용은 챕터9에서 설명하겠습니다.

CHAPTER
02

개러지밴드
시작하기

개러지밴드는 아이패드/아이폰 그리고 맥에서 활용할 수 있는
최고의 무료 컴퓨터 음악 소프트웨어
(Digital Audio Workstation, DAW)입니다.

LESSON 01

개러지밴드 소개

개러지밴드는 음악을 자유롭게 즐길 수 있는 대표적인 컴퓨터 음악 소프트웨어입니다. 아이패드용 개러지밴드의 기본 사용법을 알아보겠습니다.

개러지밴드 설치 및 화면 구성

설치 방법

개러지밴드를 사용하려면 먼저 여러분의 아이패드에 개러지밴드가 설치되어 있어야 합니다. 개러지밴드가 설치되어 있지 않다면 앱스토어(App Store)에서 'garageband'로 검색합니다. 유사한 애플리케이션이나 강좌용 애플리케이션도 검색되므로 이름이 정확히 'GarageBand'인 것을 찾아 설치합니다.

한때 $4.99의 유료 애플리케이션이었던 개러지밴드는 이제 앱스토어 계정만 있다면 무료로 설치하여 사용할 수 있습니다. 설치가 끝났으면 바로 개러지밴드를 실행해 봅니다.

🎙️ **오렌지노 특강** **개러지밴드에 적합한 아이패드 기종이 있나요?**

개러지밴드 강의를 진행하다 보면 개러지밴드로 쓰기 좋은 아이패드 기종을 알려 달라는 질문을 종종 받곤 하는데요, 최신형 아이패드가 아니라도 충분히 활용할 수 있습니다. 하지만 최신 iPadOS를 지원하지 않는 기종이라면 개러지밴드 뿐만 아니라 많은 애플리케이션을 제대로 활용하기 어렵습니다. 애플 공식 홈페이지의 iPadOS를 소개하는 페이지에서 최신 OS 정보 아래쪽에 호환되는 기기를 표시하고 있습니다.

2023년 현재 최신 iPadOS는 16 버전이고 iPad Pro(전체 모델), iPad Air(3세대 이후 모델), iPad(5세대 이후 모델), iPad mini(5세대 이후 모델)를 지원하고 있습니다. 이는 새로운 iPadOS가 나올 때마다 업데이트 될 수 있으니 보유한 아이패드 기종이 최신 iPadOS를 지원하는지 확인하는 것을 추천합니다.

나의 노래

개러지밴드의 화면 구성은 크게 4가지 기능으로 구분합니다. 가장 먼저 작업한 프로젝트 리스트가 있는 **[나의 노래]**, 악기 혹은 Apple Loops를 선택하는 **[악기 선택]**, 터치 기반으로 연주하는 **[악기 연주]**, 녹음한 트랙을 프로듀싱하는 **[시퀀서]**로 구성됩니다. 이미 작업한 프로젝트가 있다면 프로젝트를 불러올 수 있는 리스트인 나의 노래 화면을 볼 수 있습니다.

▲ 저장된 프로젝트 리스트를 확인할 수 있는 [나의 노래] 화면 왼쪽에는 저장 위치를 선택할 수 있는 사이드바가 있습니다.

🔊 **TIP** 작업한 결과물이 많아지면 폴더로 관리하거나 iCloud Drive를 활용하여 아이폰, 맥 등과 공유할 수도 있습니다.

모든 프로젝트는 자동으로 저장되며, '나의 노래 1', '나의 노래 2'와 같이 임의의 이름으로 생성되기 때문에, 추후 어떤 프로젝트인지 알기 쉽게 제목을 변경하여 관리하면 됩니다. 해당 프로젝트를 길게 터치하면 나오는 메뉴에서 **[이름 변경]**을 선택하여 원하는 이름을 입력하면 됩니다. 같은 방법으로 메뉴에서 정보 가져오기, 복제, 태그, 복사, 이동, 공유, 삭제 작업을 할 수 있습니다.

[나의 노래] 화면에서 오른쪽 위 5개의 버튼의 역할은 아래와 같습니다.

❶ **노래 생성:** 새 프로젝트를 생성하여 악기 선택 화면으로 넘어갑니다.

❷ **새 폴더:** 새로운 무제 폴더를 생성합니다.

❸ **정렬:** 정렬 방식을 설정합니다. 버튼, 목록, 열로 정렬하여 볼 수 있고, 정렬 순서를 이름, 종류, 날짜, 크기, 태그별로 바꿀 수 있습니다. 그룹 사용을 통해 더욱 편리하게 관리할 수 있습니다.

❹ **새 녹음:** 새 프로젝트를 생성하되, 스튜디오 오디오 레코더 화면으로 넘어갑니다. 무언가를 빠르게 녹음해야 할 때 활용할 수 있습니다.

❺ **선택:** 여러 프로젝트를 선택하여 한번에 공유, 이동, 삭제, 복사 작업을 진행할 수 있습니다.

악기 선택

이제 **[노래 생성]**을 터치하여 악기 선택 화면으로 넘어갑니다. 개러지밴드를 처음 실행했다면, 간단한 앱 소개 후 이렇게 악기 선택 화면부터 보입니다. 좌우로 쓸어 넘기면 다양한 악기들을 볼 수 있습니다. 기타, 베이스, 스트링, 드럼, 키보드, 세계 악기 등 다양한 악기들을 선택할 수 있습니다. 중앙 위의 2가지 섹션인 **[LIVE LOOPS]**와 **[트랙]** 중에서 현재는 트랙 섹션이 선택되어 있어 이렇게 악기 선택 화면이 보입니다. 아래쪽에 표시된 기능인 **[Smart Guitar]**, **[Notes]**, **[음계]**, **[추가 사운드]**는 악기에 따라 표시되는 기능이 다릅니다.

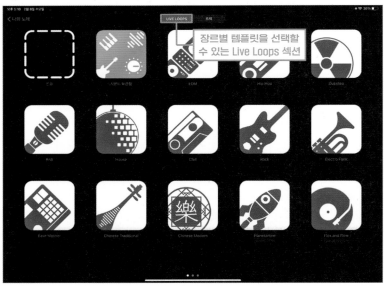

Live Loops 섹션은 다음 챕터에서 자세히 배울 수 있습니다. 이제 다시 **[트랙]**을 터치해서 악기 선택 화면으로 들어옵니다. 기타를 터치하면 Smart Guitar 연주 화면으로 넘어갑니다. 이렇게 각각의 악기 이미지를 터치하면 악기마다 기본값으로 정해진 연주 기능으로 넘어갈 수 있습니다.

악기 연주

기타의 [Notes] 모드를 터치해서 아래와 같이 연주 화면을 확인합니다. 이처럼 악기 연주는 악기별 특성에 맞게 터치하는 방식으로 연주하기 편하게 구성되어 있습니다. 악기마다 기능이 다르기에, 연주 실습 파트에서 자세히 다루도록 하겠습니다.

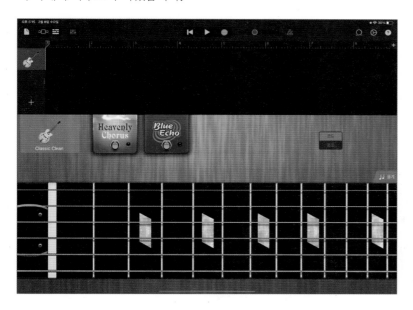

시퀀서

악기를 연주하여 녹음하거나, 애플에서 무료로 제공하는 샘플을 믹싱할 수 있는 시퀀서 화면입니다. 전문가처럼 프로듀싱을 할 수 있는 기능으로, 루프 샘플링은 챕터 4에서 자세히 배울 수 있습니다.

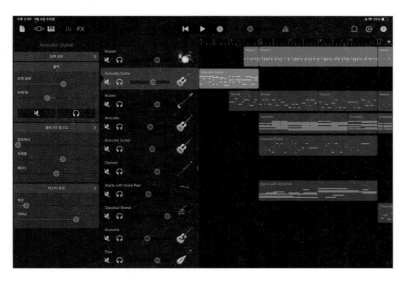

🎵 아이패드용 개러지밴드의 주요 기능

아이패드용 개러지밴드로 할 수 있는 음악 활동은 무궁무진합니다. 건반 연주는 물론 화음도 간단한 터치로 쉽게 연주할 수 있고, 터치 몇 번으로 디제이가 되거나, 힙합 전사가 되어 비트 메이킹도 쉽게 할 수 있고 스튜디오처럼 보컬 녹음을 할 수도 있습니다. 프로듀서가 되어 나만의 음악을 완성할 수도 있습니다. 개러지밴드의 대표적인 기능들을 하나씩 짚어 보겠습니다.

스마트 악기 연주

자동 연주(Autoplay)를 하면 터치 몇 번만으로 훌륭한 화음 연주가 가능합니다. [Smart Piano]는 수백 가지의 악기로 쉽게 화음 연주를 할 수 있습니다. 특히 기타, 베이스, 스트링, 세계 악기는 악기마다 특성을 살린 기능들로 실제 연주처럼 실감나게 느껴집니다.

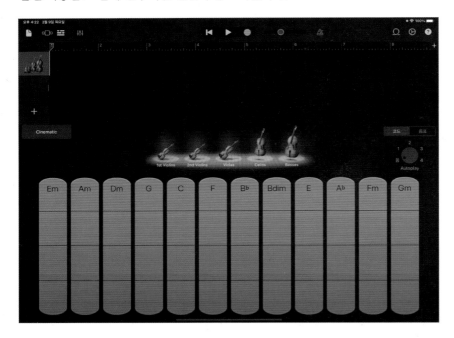

드럼 연주

[**어쿠스틱 드럼**]은 실제 드러머가 연주하는 것처럼 드럼 연주를 할 수 있습니다. 간단한 드럼 연주를 익히면, 그 후에 좋아하는 노래를 틀고 박자에 맞춰 드럼을 연주하며 마치 게임을 하듯이 색다른 방법으로 음악을 즐길 수도 있습니다. 스트레스 해소는 덤입니다.

피아노, 신디사이저 건반 연주

그랜드 피아노의 맑은 소리부터 신디사이저의 전자음까지 건반으로 연주할 수 있습니다.

악보를 보고 건반 연주를 할 수 있다면 더욱 풍부하게 즐길 수 있을 것입니다. 아이폰으로도 연주할 수 있지만 화면이 작아서 건반 간격이 좁기 때문에, 화면이 큰 아이패드가 더 편합니다.

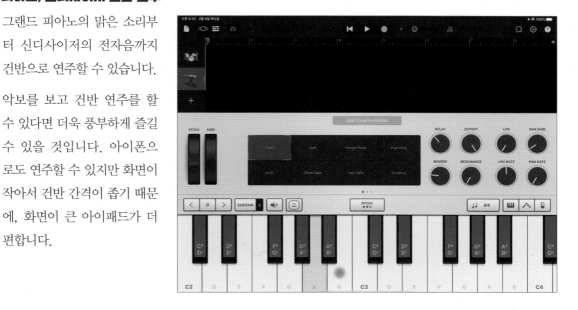

Live Loops 디제잉

Live Loops 섹션의 다양한 디제잉 화면에서 Remix FX 기능을 활용하면 디제이가 된 것처럼 스크래치, 리버스 등 기술들을 직접 시도해 볼 수 있습니다. 홈파티에서 직접 디제잉을 한다면 분위기를 한껏 끌어올릴 수 있습니다.

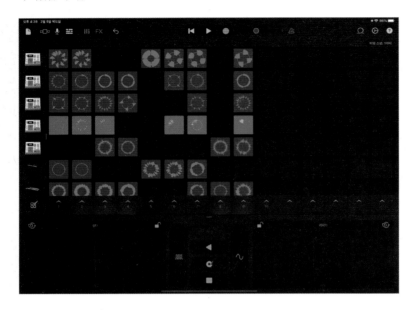

비트 시퀀서로 비트 메이킹

드럼의 **[비트 시퀀서]**를 활용하면 리듬에 대해 잘 모르더라도 간단하게 비트 메이킹을 해볼 수 있습니다. 장르별 샘플들을 다양하게 들으며 조금씩 변화만 줘도 그럴싸한 비트를 만들어 낼 수 있습니다. 이렇게 비트와 놀다 보면 랩도 저절로 나옵니다.

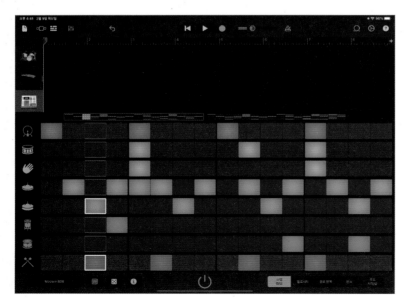

오디오 레코더로 보컬 녹음하기

오디오 레코더의 **[음성]**으로 스튜디오에 버금가는 녹음을 도전해 볼 수 있습니다. 음색 설정도 세밀하게 조절할 수 있어 빠르게 가이드 보컬을 녹음하는 데는 손색이 없습니다. 보다 완성도 높은 녹음을 위해선 방음이 되는 부스에서 마이크를 사용하는 것이 좋습니다.

샘플러 기능으로 음악 연주하기

키보드에서 **[샘플러]**를 활용하면 직접 녹음한 소리로 멜로디 연주를 할 수 있습니다. 예를 들어, 반려동물의 울음소리를 녹음하여 연주를 하면 더 재미있게 즐길 수 있는 기능입니다.

Drummer 활용

드럼은 잘 모르지만 전문 드러머가 연주한 것처럼 나만의 음악을 만들고 싶다면 Drummer의 스킬을 빌리면 됩니다. 악기 선택 화면에서 '드럼'이 아닌 'Drummer'를 활용하면 장르별, 스타일별로 훌륭한 드럼 라인을 조금씩 입맛에 맞게 수정하며 멋진 드럼 라인을 만들 수 있습니다. 아주 쉬운 방법으로 제법 그럴듯해 보이는 드럼 사운드를 넣을 수 있는 기능입니다.

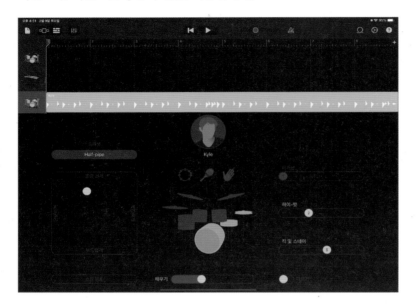

믹싱, 마스터링으로 음원 완성

연주 녹음, 샘플 사용 등으로 여러 트랙을 만들어 믹싱을 할 수 있습니다. 음색을 세세하게 수정하고 조화롭게 구성하며 음원 완성도를 높이고 음원으로 추출할 수 있습니다. 보다 완성도를 높이려면 전문 프로그램으로 추가 마스터링 작업을 거치는 편이 좋습니다.

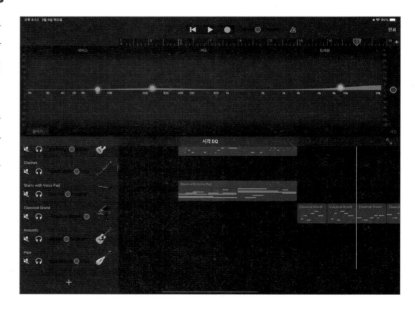

개러지밴드를 통해 음악을 만드는 대부분의 작업이 가능하지만, 최종 마스터링은 여전히 아쉬운 부분이 있습니다. 그래도 취미 수준에서는 만족스러운 결과물을 낼 수 있습니다.

🎵 애플 디바이스별 개러지밴드의 차이점

아이패드/아이폰용 개러지밴드와 맥용 개러지밴드는 제법 차이가 큽니다. 기본적으로 터치를 이용한 제어 여부입니다. 아이폰, 아이패드는 화면을 터치하여 실제 악기와 비슷하게 연주하거나 기능을 제어할 수 있다는 것이 장점입니다. 다만 트랙 편집을 하기에는 화면이 다소 작습니다. 역시 편집에는 맥용 개러지밴드가 유리합니다. 기기에 따라 장단점은 있지만 어느 버전이든 곡을 만드는 데는 독립적으로 활용할 수 있습니다. 여기서는 맥용과 아이패드/아이폰용 개러지밴드의 연주 화면과 트랙 편집 화면의 차이를 비교해 보겠습니다.

악기 연주에 특화된 아이패드/아이폰 개러지밴드

아이패드/아이폰용 개러지밴드는 악기 특성을 잘 살려 손쉽게 연주하는 데 특화되어 있습니다. 아이패드/아이폰용 개러지밴드를 실행하면 나오는 악기 선택 화면을 좌우로 슬라이드하면 키보드, 드럼, 기타, 베이스, 세계 악기 등 악기를 고를 수 있습니다. 그리고 악기의 종류에 따라 다양한 방식으로 연주할 수 있습니다.

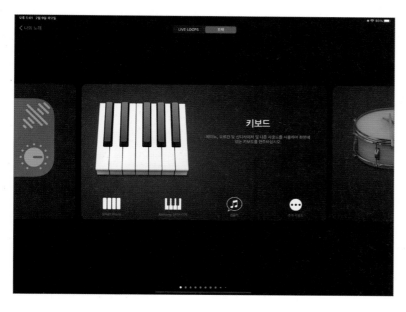

키보드와 같은 건반 악기는 아이폰에서 연주하기에 간격이 좁아 어려울 수 있습니다. 그러므로 아이패드에서 연주하는 것이 수월합니다.

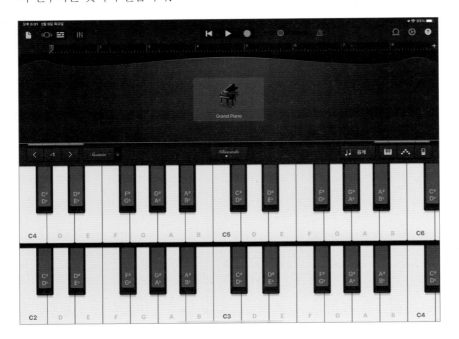

드럼 연주 화면은 마치 드럼 앞에 앉아 있고, 눈앞에 드럼 세트가 있는 것처럼 펼쳐집니다. 그래서 실제 드럼 연주 경험이 있는 사용자라면 터치 감각만 익힌 후 금세 익숙하게 연주할 것입니다. 화면이 작은 아이폰에서도 어느 정도 편하게 다룰 수 있습니다.

악기 선택 화면에서 키보드, 기타 등의 일부는 스마트 악기를 선택할 수 있습니다. 스마트 연주는 실제 악기보다 더 쉽게 연주할 수 있는 기능입니다. 자주 쓰는 코드를 설정하거나, 박자에 맞게 자동으로 연주하는 기능도 있어서 편리합니다.

트랙 편집이 편리한 맥용 개러지밴드

맥용 개러지밴드는 터치 기반이 아니라서 아이폰이나 아이패드처럼 연주가 쉽지 않습니다. 하지만 사용하는 모니터의 크기에 따라 트랙을 편집할 때 화면을 넓게 쓸 수 있습니다. 그러므로 한눈에 많은 정보를 확인하며 편집을 하기에 편리합니다.

> **TIP** 아이폰이나 아이패드와 같은 터치 기반의 기기로 연주하여 녹음한 결과를 맥으로 불러와 편집을 진행하는 것이 가장 이상적인 작업 형태가 될 것입니다.

▲ 맥용 개러지밴드 트랙 편집

아래 이미지는 아이폰용 개러지밴드의 트랙 편집 화면입니다. 맥용 개러지밴드와 비슷하지만 화면 크기가 작아서 한번에 볼 수 있는 정보가 한정적입니다. 작은 화면에 최적화된 인터페이스이기 때문에 동일한 작업을 하더라도 더 많은 동작이 필요합니다. 하지만 차근히 작업하면 아이폰으로도 충분히 편집할 수 있습니다.

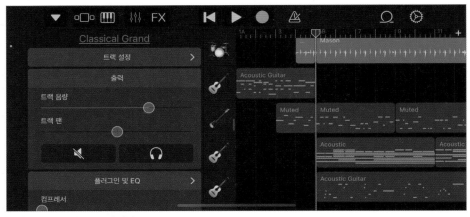

▲ 아이폰용 개러지밴드 트랙 편집

♫ 악기들의 특성 이해하기

실제 악기를 연주하는 방법까지는 모르더라도, 그 악기만의 고유한 특성은 알고 있어야 개러지밴드에서 조화롭게 소리를 구성할 수 있습니다. 따라서 작곡을 하겠다고 마음을 먹었으면 악기에 대한 기본적인 이해가 필요합니다. 악기의 종류는 일반적으로 연주하는 방법에 따라 현악기, 관악기, 타악기 등으로 구분합니다.

악기의 종류

기타, 베이스, 바이올린과 같이 줄을 퉁기거나 켜는 현악기, 색소폰이나 트럼펫과 같이 입으로 불어서 소리를 내는 관악기, 드럼과 같이 두드려서 소리를 내는 타악기가 있습니다.

그렇다면 우리가 가장 자연스럽게 접하는 피아노는 현악기, 관악기, 타악기 중 어디에 속할까요? 피아노는 사람이 손가락으로 건반을 누르면 해머가 줄을 쳐서 소리가 울리는 방식입니다. 따라서 현악기와 타악기에 전부 해당될 수 있습니다. 그래서 피아노는 건반악기라는 또 다른 종류로 구분합니다.

🎤 오렌지노 특강 악기 분류법에 대한 논란

전통적인 악기 분류인 현악기, 관악기, 타악기는 사실 명확한 악기 분류 기준은 아닙니다. 현악기와 관악기는 줄과 관이라는 악기 형태를 고려하며, 타악기는 연주 방식을 고려하므로 결과적으로 분류 기준이 모호하기 때문입니다. 앞서 말한 피아노뿐만 아니라 파이프 오르간, 신디사이저 등 여러 악기도 대입하면 기준을 완벽하게 나누기는 어렵습니다. 그러니 전통적인 악기 분류는 단지 편의를 위한 구분이라고 이해하면 됩니다.

현악기

줄(현, 絃)을 사용하여 소리를 내는 악기를 통칭 현악기라고 합니다. 현의 굵기와 길이에 따라 진동수가 다르다는 원리를 이용한 연주 방식입니다. 고전적인 현악기는 콘트라베이스, 첼로, 비올라, 바이올린 등으로 활을 사용하여 현을 컨다는 공통점이 있습니다. 하지만 현대적인 현악기인 기타, 베이스 기타 등은 활을 사용하지 않습니다.

기타는 굵기가 다른 6개의 줄이 있으며, 줄이 굵을수록 통길 때 낮은 소리가 납니다. 또한, 기타는 구분선 역할을 하는 프렛(fret)으로 반음씩 음계가 나뉩니다. 연주는 한 손으로 줄을 누른 채 음정을 고르고, 다른 손으로 줄을 통기는 방식입니다.

악기 선택 화면에서 기타를 고르면 [코드]와 [음표]라는 두 종류의 연주 화면을 이용할 수 있습니다. 이 중, [음표] 모드를 선택하면 실제 기타와 비슷하게 연주할 수 있습니다. 단, 실제 악기로는 음을 누르고 다른 손으로 줄을 통겨야 소리가 나지만 개러지밴드 기타에서는 음을 터치하는 것만으로도 소리가 납니다.

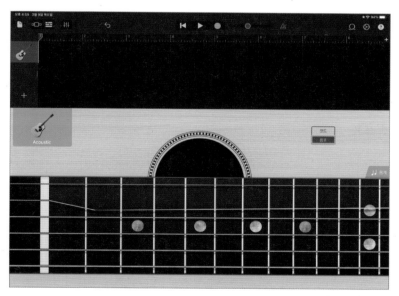

🔈 **TIP** 아이폰에서는 ▦을 터치하며 음표와 코드 연주 화면을 전환할 수 있습니다.

오케스트라용 현악기들

바이올린, 첼로와 같이 오케스트라에서 사용하는 현악기도 개러지밴드에서 연주할 수 있습니다. 악기 선택 화면에서 스트링을 고르고 연주 화면은 **[Notes]** 모드를 선택하면 실제와 비슷하게 연주할 수 있습니다. 오 케스트라 현악기는 기타와 다르게, 음의 명확한 구분을 위한 프렛이 없습니다. 대신 활을 사용하여 줄을 문 지르는 차이가 있지만, 기타처럼 현(줄)의 소리를 활용한다는 원리는 동일합니다.

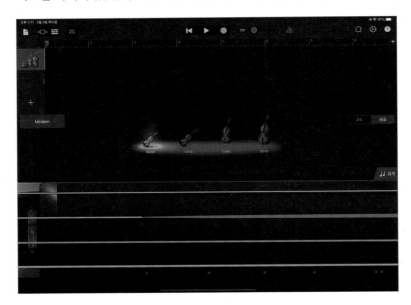

아이패드용 개러지밴드에서 기타, 베이스, 스트링(현악기)의 **[Notes]** 모드는 실제 악기를 연주할 수 있는 사람에게 적절합니다. 그러므로 해당 악기를 처음 접한다면 충분한 연습 없이 사용하기란 불편할 것입니다. 하지만 걱정할 필요는 없습니다. 실제 현악기 연주 경험이 없는 사용자도 쉽게 연주하는 **[Smart Strings]** 모드가 있기 때문입니다. 이는 159, 167쪽에서 자세하게 다룹니다.

관악기

어린 시절 한 번쯤 사용해 본 리코더를 떠올려 보세요. 리코더처럼 입으로 불어서 소리를 내는 악기가 관악 기입니다. 관악기는 리코더처럼 손으로 여러 개의 구멍을 직접 막는 조합으로 다른 음을 내는 방식, 색소폰 처럼 버튼과 같이 생긴 밸브를 눌러서 막는 방식, 트롬본처럼 슬라이드를 밀고 당기며 그 길이에 따라 다른 음이 연주되는 방식 등이 있습니다. 관악기는 목관악기와 금관악기로 구분되지만 이는 과거 유럽에서 구분 한 기준으로, 현대에는 적용하기 어려운 상황이 많습니다.

아이패드용 개러지밴드라고 하더라도 실제 관악기처럼 연주하기는 쉽지 않습니다. 관악기는 악기 선택 화 면에서 **[키보드]**의 **[추가 사운드]**-**[Other]**로 선택할 수 있습니다. 관악기를 선택한 후, 키보드 화면에서 건반 을 터치하면 됩니다.

관악기는 플루트, 클라리넷, 오보에, 바순, 호른뿐만 아니라 이러한 관악기들의 조화인 브라스 앙상블도 선택할 수 있습니다.

타악기

우리나라의 장구나 꽹과리처럼 나라마다 전통 타악기가 있습니다. 현대에는 드럼이 가장 보편적인 타악기입니다. 드럼은 북과 심벌즈로 이루어진 세트입니다. 드럼 스틱을 손으로 쥐고 북과 심벌즈를 내려치는 방식으로 소리를 냅니다. 타악기는 전체적인 리듬을 이끄는 역할을 하기 때문에 합주를 한다면 주로 박자 감각이 탁월한 사람이 연주합니다. 악기 선택 화면에서 드럼은 다양한 인터페이스를 선택할 수 있습니다.

그중 [어쿠스틱 드럼]은 아래의 그림처럼, 실제 드럼 연주와 비슷한 모습으로 연주할 수 있습니다. 이렇게 실감나게 구현이 된 덕분에 개러지밴드에서 드럼 연주를 하면 마치 게임을 하는 재미를 느낄 수도 있습니다.

건반악기(키보드)

비교적 직관적인 연주가 가능한 피아노는 흰건반과 검은건반을 눌러서 소리를 내는 대표적인 건반악기입니다. 건반을 누르면 내부의 현을 해머로 때리는 방식으로 소리를 냅니다. 피아노는 클래식과 현대 음악 전반에 걸쳐 두루 사용하는 대표적인 악기입니다. 피아노 외에도 오르간, 하프시코드 등이 건반악기에 속합니다.

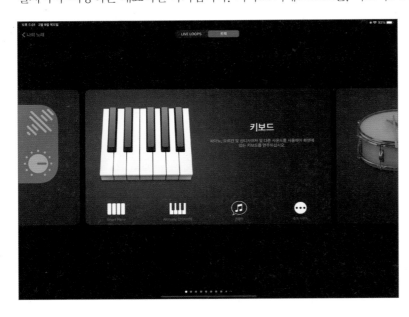

아이폰/아이패드용 개러지밴드에서는 건반 모습을 그대로 재현했습니다. 따라서 화면 크기가 작은 아이폰은 건반 사이 간격이 좁아 연주하기 다소 불편할 수 있습니다. 상대적으로 화면이 큰 아이패드라면 비교적 연주하기 편합니다. 하지만, 아이패드라도 화면 터치로 코드까지 연주를 하기엔 여전히 쉽지 않습니다. 이럴 때는 악기 선택 화면에서 **[Smart Piano]** 모드로 간단하게 코드 연주를 할 수 있습니다.

전자악기

전자악기는 피아노의 건반은 그대로 재현하였지만, 건반을 누르면 녹음된 소리를 출력하는 방식입니다. 대표적으로 신디사이저가 있습니다. 미리 녹음된 소리를 출력하기 때문에, 거의 모든 악기를 건반 형태로 편하게 연주할 수 있습니다. 소리를 세밀하게 조절할 수 있으며 다양한 소리를 재현할 수도 있습니다.

개러지밴드의 악기 선택 화면에서 키보드에 내장된 음원은 수백 가지이며, 꾸준히 추가되고 있습니다. 키보드의 [Alchemy 신디사이저] 모드를 선택해서 사용할 수 있습니다.

실제 악기 중에 전자 드럼, 전자 기타 등 원래의 연주 방법을 유지하면서 스피커 등으로 녹음된 소리를 출력하는 모든 악기는 전자악기에 속합니다.

그 밖의 악기들

개러지밴드의 세계 악기 패키지에는 아시아권에서 주로 사용하는 비파, 이호(해금과 유사한 형태), 고쟁 등이 있습니다. 이런 악기는 동양 전통 느낌의 작곡에 활용할 수 있습니다.

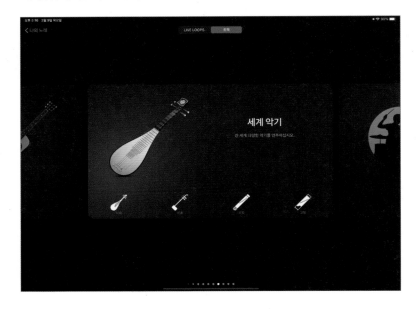

디제잉으로
몸풀기

아이패드, 아이폰 개러지밴드에는
게임과 같이 즐길 수 있는 디제잉 기능이 있습니다.
Live Loops를 간단한 터치 몇 번으로 음악을 즐기다 보면
어느 순간 디제이가 될 수 있습니다.

LESSON
01

Live Loops 이해하기

Live Loops는 실시간으로 음악적인 아이디어를 연주하고 편집하는 시퀀서입니다.
이 기능으로 DJ나 일렉트로닉 음악 프로듀서처럼 쉽게 창작 활동을 할 수 있습니다.

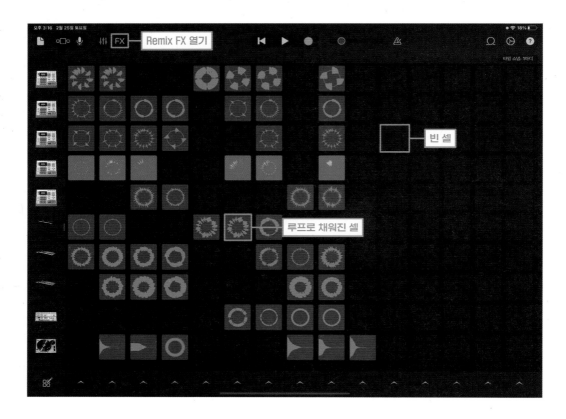

Live Loops 시퀀서는 바둑판 모양인 그리드에서 작업합니다. 그리드의 각 셀을 터치하면 루프가 재생됩니다. 작곡에서 루프란, 음악을 구성하는 짧게 반복되는 구간이라는 뜻입니다. 이렇게 루프가 있는 셀을 터치하여 연주하거나 동시에 여러 셀을 터치하고 Remix FX로 디제잉을 하여 음악을 만들 수 있습니다.

🎵 그리드의 행과 열

그리드는 행과 열의 특징을 이해해야 합니다. 먼저 '행'은 가장 왼쪽에 선택된 하나의 악기로 만든 루프 셀들로 구성되어 있습니다. 따라서 특정 행에서는 한 번에 하나의 루프 셀만 연주할 수 있습니다. 그래서 여러 루프를 동시에 재생하려면, 다른 행에 있는 루프 셀을 함께 터치하면 됩니다.

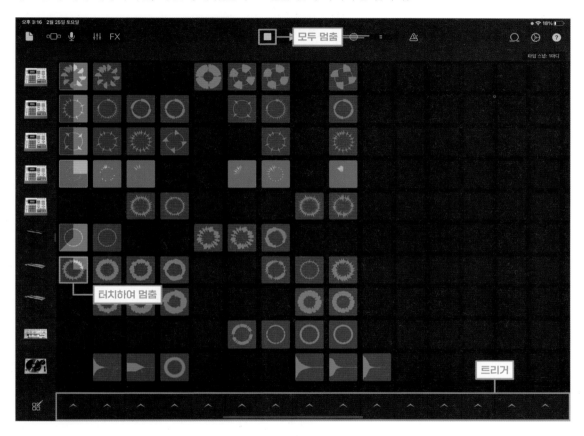

열의 아래쪽에 있는 화살표는 **[트리거]** 버튼입니다. 이 버튼을 터치하면, 해당 열에 있는 모든 루프가 동시에 재생됩니다. 재생되고 있는 루프를 중단하려면 재생 중인 루프 셀을 직접 터치하여 중단시킬 수 있습니다. 혹은 위쪽 중앙의 멈춤 버튼을 누르면 재생 중이던 모든 루프가 멈춥니다.

🎵 그리드의 셀 편집

그리드의 셀을 편집할 수도 있습니다. 왼쪽 아래의 **[셀 편집]** 버튼을 터치하면 셀 편집 화면으로 전환되고, 루프가 있는 모든 셀이 어두운 색으로 변합니다. 여기서 편집하고 싶은 셀을 두 번 터치하면 편집 메뉴가 활성화됩니다. 오려두거나 복사한 셀은 빈 셀을 터치하여 **[붙이기]**를 하면 삽입할 수 있습니다. 셀을 길게 누르면서 슬라이드하면 다른 셀로 이동할 수도 있습니다. 이렇게 셀 편집 기능을 활용하면 셀 영역을 세심하게 편집할 수 있습니다.

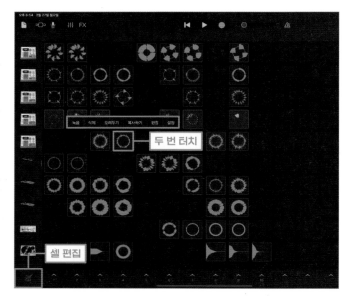

🎵 Live Loops의 설정 변경하기

❶ **[셀 편집]** 버튼을 누르고 ❷ 편집하고 싶은 셀을 두 번 터치하여 나오는 ❸ **[설정]** 기능을 활용하면 다양한 설정 변경이 가능합니다.

- **게인/벨로시티:** 음량 조절 기능으로, 파란색과 노란색 셀은 게인, 초록색 셀은 벨로시티로 표시됩니다.
- **퀀타이즈 시작:** 양자화(Quantization)에서 나온 타임 스냅 기능으로, 박자를 정확하게 맞추는 기준을 정합니다.
- **재생 모드:** 3가지 재생 모드 중 하나를 선택합니다. 기본적으로 '재생/중단'이 선택되어 있습니다.

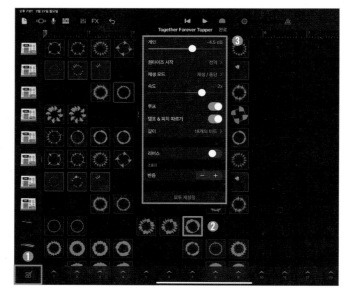

- **재생/중단:** 재생 모드 중 하나로 셀을 터치할 때 재생 및 중단됩니다.
- **누르고 있는 동안 재생:** 재생 모드 중 하나로 터치하는 동안에만 재생됩니다.

- **리트리거:** 재생 모드 중 하나로 터치하면 셀을 처음부터 다시 재생합니다.

- **속도:** 셀 재생 속도(템포)를 ¼X 부터 4X까지 변경할 수 있습니다.

- **루프:** 루프(반복 재생) 기능으로, 기본적으로 활성화되어 있습니다.

- **템포 & 피치 따르기:** 음악 재생 중 셀을 정확한 타이밍에 터치하지 않더라도 비트에 맞게 재생되는 기능으로, 기본적으로 활성화되어 있습니다.

- **길이:** 셀 길이를 녹음 길이에 맞도록 자동으로 설정하거나, 마디와 비트를 조절하여 길이를 변경할 수 있습니다.

- **리버스:** 역재생 기능으로, 활성화하면 셀이 반대로 재생됩니다.

- **조옮김:** 반음씩 피치를 올리거나 낮출 수 있습니다.

- **옥타브:** 피치를 옥타브 단위로 올리거나 낮출 수 있습니다. 옥타브는 113쪽에서 조금 더 설명합니다.

- **모두 재설정:** 처음 상태로 설정 기능을 되돌립니다.

셀 편집 화면에서 **[트리거]** 버튼을 두 번 터치하여 메뉴를 열면 '붙이기', '복제', '이름 변경', '삭제', '설정(퀀타이즈 시작, 재생 모드)'을 설정할 수 있습니다.

이렇게 자세한 설정을 편집할 수 있지만, 기본적인 시퀀서 화면과 달리 Live Loops는 디제이가 되어 즐기는 용도로 활용하기에 기본 설정을 변경하는 일은 드뭅니다. 따라서 일단은 익숙해질 때까지 기본으로 설정된 값을 바꾸지 않은 상태로 즐기기를 추천합니다.

LESSON 02 사운드 라이브러리 살펴보기

영감을 얻기 위해 사운드 라이브러리에서 더욱 다양한 악기별 사운드 팩과 인기 있는 아티스트의 콘텐츠 팩을 살펴보세요.

Live Loops 섹션의 **[사운드 라이브러리]**를 터치하면 추가 콘텐츠 팩을 설치할 수 있습니다.

사운드 라이브러리의 콘텐츠는 **[사운드 팩]** 그리고 **[아티스트 및 프로듀서]**로 2가지 종류입니다. 이 둘의 가장 큰 차이점은 사용 범위에 대한 저작권입니다.

🎵 사운드 라이브러리

사운드 팩

사운드 팩은 Live Loops 그리드 말고도 다양한 Apple Loops, 드럼, 새로운 터치 악기 등이 제공됩니다. 사운드 팩은 개러지밴드로 만드는 모든 음악과 같이 만든 음악에 대한 저작권을 가질 수 있는 샘플들입니다. 다양하게 활용할 수 있으니, 아이패드 저장 공간에 여유만 있다면 관심이 있는 모든 팩을 다운로드하시는 것을 추천합니다.

아티스트 및 프로듀서

유명한 아티스트 및 프로듀서가 만든 리믹스 세션은 개인적 및 비상업적 목적의 개러지밴드 사용자에게만 제공되는 샘플입니다. 따라서 저작권자 동의 없이 외부에서 사용하거나 배포가 금지된 샘플입니다.

자신의 음악으로 재탄생을 시킬 순 없지만, 유명한 아티스트와 프로듀서의 음악 기획 의도를 파악하고 편곡 등 음악적 감각을 익히는 데 큰 도움이 됩니다. 그래서 이 리믹스 세션에서 프로듀서 팩을 가져와 리믹스를 하며 공부할 수 있습니다. 집필 시기를 기준으로는 Mark Ronson, Tom Misch 등 아티스트의 정보가 포함된 짧은 영상이 포함되어 있어 음악을 듣고 다운로드를 할 수 있습니다.

우리나라 아티스트로는 세븐틴(SEVENTEEN)의 Darl+ing이 리믹스 세션을 제공한 적 있지만, 현재는 다운로드 제공 기간이 끝났습니다. 다운로드 제공 기간 중에 이용하고 **[나의 노래]** 화면으로 돌아가 자동 저장된 프로젝트는 다운로드 제공 기간이 끝나도 계속 이용할 수 있습니다.

설치된 사운드 팩, 아티스트 및 프로듀서 리믹스 세션을 삭제하려면 ❶ 사운드 라이브러리에서 왼쪽 위의 **[팩 관리]**-❷ **[편집]**을 확인합니다. 아래와 같이 ❸ **[-]** 버튼을 터치하여 관리할 수 있습니다.

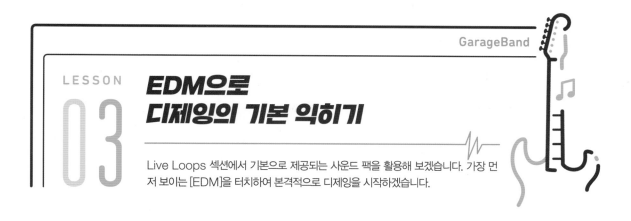

LESSON

03

EDM으로
디제잉의 기본 익히기

Live Loops 섹션에서 기본으로 제공되는 사운드 팩을 활용해 보겠습니다. 가장 먼저 보이는 [EDM]을 터치하여 본격적으로 디제잉을 시작하겠습니다.

🎵 트랙이란?

트랙과 트리거

화면의 왼쪽에 있는 악기 아이콘들은 각 트랙의 음원을 의미합니다. ❶ 악기 아이콘을 터치하여 오른쪽으로 슬라이드하면 아래의 그림처럼 ❷ 트랙 헤더가 표시됩니다. 트랙 이름이 있어, 트랙 악기를 유추할 수 있고 음량 조절 등 간단한 믹싱 작업을 할 수 있습니다.

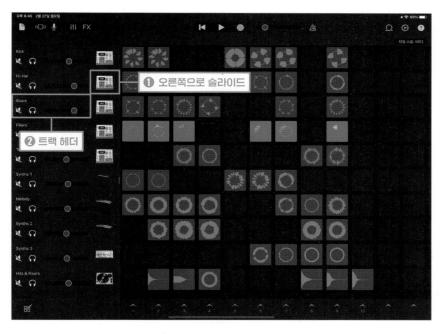

영상으로 확인하기

이제 아래쪽의 **[트리거]** 버튼들을 비트에 맞게 하나씩 눌러 끝까지 재생해 봅니다.

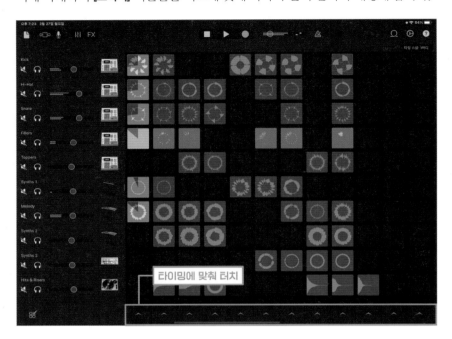

💡 **TIP** 연속해서 재생할 때는 트리거를 터치하는 타이밍이 중요합니다. 속도가 가장 느린 루프 셀을 기준으로, 재생이 끝나기 직전에 다음 열 트리거를 터치하면 비트에 맞게 다음 열 루프가 재생됩니다. 미리 터치하지 않으면 현재 루프가 다시 재생됩니다.

이때 트랙마다 재생 속도가 다릅니다. 이는 앞서 언급한 편집 기능으로 수정할 수 있습니다. 이제부터 각각의 트리거를 실행해 보면서, 루프 셀을 편집하여 나만의 멋진 조합을 만들어 보세요.

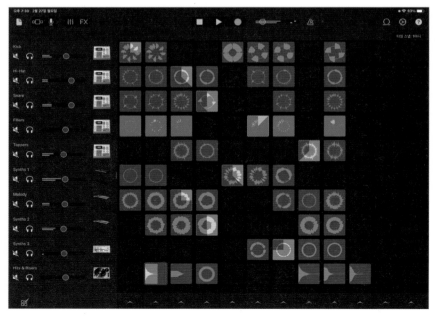

이렇게 다양한 조합을 시도하여 EDM 음악을 편곡하는 가장 기초적인 방법을 배웠습니다. 하지만 아직 디제이가 된 기분을 느끼기엔 부족합니다. 이번에는 스크래치 등 본격적인 디제잉 방식을 살펴보겠습니다.

Remix FX 활용법

이제 왼쪽 위의 **[FX]** 버튼을 터치하여 Remix FX를 실행해 봅니다.

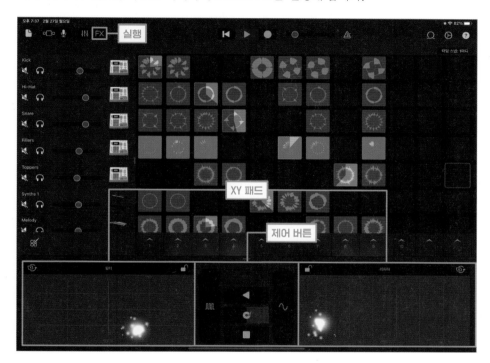

Remix FX는 화면 아래의 양쪽에 **[XY 패드]**와 중앙에 **[제어]** 버튼으로 구성됩니다. 각 기능을 배우기 전에 EDM을 재생해 봅니다. 그 상태에서 여러 버튼과 XY 패드를 슬라이드하면서 먼저 소리가 어떻게 변하는지 느껴보세요.

XY 패드와 자이로 제어기

이제 각 기능을 설명하겠습니다. **[XY 패드]**에서 **[필터]**를 터치합니다. 총 6개의 효과(필터, 우블, 오르빗, 리피터, 리버브, 딜레이)가 표시됩니다. 이 중에 하나를 선택하면 효과를 활성화하여 실시간으로 해당 효과를 적용할 수 있습니다.

예를 들어, 왼쪽 XY 패드에 **[필터]** 효과를 적용한다면, 아래의 그림처럼 패드의 중앙을 터치할 때 효과가 0
에 가깝게 되어 거의 적용되지 않습니다. 오른쪽 XY 패드에 **[리피터]** 효과를 적용한다면, 아래 그림처럼 패
드의 왼쪽 아래를 터치할 때 가장 적게 적용됩니다.

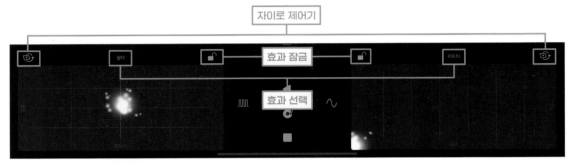

▲ 선택한 효과에 따라 최소/최대 컨트롤 방식이 다름

앞에서 소개한 6개 효과의 기능은 아래와 같습니다.

- **필터(Filter):** 음악 주파수 효과의 정도를 공명(Resonance)과 컷오프(Cutoff)로 조절합니다.
- **우블(Wobble):** 떨리는 효과의 정도를 심도(Depth)와 속도(Rate)로 조절합니다.
- **오르빗(Orbit):** 음향 왜곡 효과의 정도를 심도와 속도로 조절합니다.
- **리피터(Repeater):** 점점 빠른 비트로 반복하는 효과로, EDM 디제잉에 빠질 수 없는 요소입니다.
- **리버브(Reverb):** 공간 반사에 의한 잔향을 조절합니다.
- **딜레이(Delay):** 시간 지연을 통해 메아리 효과를 냅니다.

🔊**TIP** 직접 조절을 하며 소리의 차이에 대한 이해가 효과적이므로, 위의 설명이 너무 어렵다면 참고만 하세요.

XY 패드의 위쪽에 **[자이로 제어기]** 버튼을 터치하면 기울기에 따른 동작 센서가 활성화됩니다. 자이로 제어
기가 활성화된 상태에서는 아이패드를 상하좌우로 기울일 때 필터 효과가 실행됩니다. 따라서 중앙에 있는
다른 버튼을 손으로 터치하면서 동시에 XY 패드의 효과를 조절하고 싶을 때 활용할 수 있는 기능입니다.
또한 XY 패드 효과를 적용하고 있을 때 **[효과 잠금]** 버튼을 터치하면 손을 떼어도 계속 적용됩니다.

중앙의 제어 버튼

중앙에 있는 3개의 버튼과 양옆의 2개의 버튼으로 제어합니다. 중앙 3개의 버튼은 각각 왼쪽을 터치하면 약하게, 오른쪽을 터치하면 강하게 조절이 됩니다. 양옆의 2개의 버튼은 각각 총 4가지 강도로 조절할 수 있으며, 위로 갈수록 강하고 아래로 갈수록 약합니다.

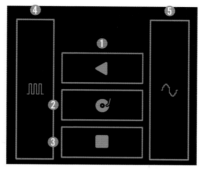

▲ 중앙 버튼 세트

❶ **역순(Reverse):** 음악을 거꾸로 재생

❷ **스크래치(Scratch):** 턴테이블에서 재생 중인 바이닐 레코드를 긁어서 내는 특유의 소리

❸ **테이프 중단(Tape Stop):** 재생 중인 음악이 서서히 느려지며 멈추는 기능

❹ **게이터(Gater):** 재생 중인 음악을 짧은 주기로 켜고 끔

❺ **다운샘플러(Downsampler):** 음질을 의도적으로 낮춤

이 기능들로 재생 중인 EDM 음악의 효과 제어를 통해 디제잉 할 수 있습니다. 단순히 터치 몇 번으로 디제이가 될 수 있는 기능이니, 홈파티 등 개인기를 뽐낼 수 있는 곳에서 마음껏 끼를 발산해 보세요.

> **오렌지노 특강 서태지와 아이들의 피가 모자라 루머**
>
> 1994년 발매된 서태지와 아이들 3집에 수록된 '교실 이데아'라는 곡의 일부분을 역방향으로 재생하면 '피가 모자라 배고파'와 같은 가사로 들린다는 소문이 돈 적이 있습니다. 당시에는 역방향으로 재생하려면 카세트 테이프의 재생 필름을 물리적으로 뒤집어 재생해야 했고, 대부분 이 소문을 듣고 처음 시도해 봤을 것입니다. 많은 대중 매체가 '사탄 숭배' 등의 주제로 특집을 내보내며 소문의 힘을 더했습니다.
>
> 하지만 종종 외국 곡이 한국어 가사처럼 들리는 현상도 일어나듯, 이 또한 우연의 일치입니다. 듣고 싶은 대로 듣는 심리가 더해져 '피가 모자라 배고파'라는 상상 속 가사를 만들어 낸 에피소드였습니다.

MEMO

루프 샘플링으로
기초 익히기

그럴싸한 음악을 만드는 가장 간단한 방법은
루프 샘플링입니다.
이번에는 개러지밴드에서 제공되는 Apple Loops로
음악적 감각 없이도 음원을 쉽게 만드는 방법을 알아봅니다.

LESSON 01 루프 브라우저 이해하기

이제 본격적으로 음악을 만들어 봅니다. 음악 이론에 대한 이해가 없어도, 누구나 음악을 만들 수 있는 샘플링 섞어보기를 하겠습니다.

시퀀서 열기

먼저 시퀀서 화면을 꺼내야 합니다. 나의 노래 화면에서 [새 프로젝트]를 열고, [트랙]을 터치하여 악기 선택 화면을 엽니다. 여기서 아무 악기나 선택하여 아래와 같이 악기 연주 화면으로 전환합니다. 여기서는 Classical Grand를 선택했습니다.

❶ **나의 노래:** 현재 프로젝트가 '나의 노래 N'라는 이름으로 저장되며 화면 전환

❷ **브라우저:** 악기 선택 화면으로 전환

❸ **트랙:** 시퀀서 화면으로 전환

❹ **트랙 제어기:** 트랙 음량 등 자세한 제어를 할 수 있는 트랙 제어기 열기

왼쪽 위의 **[트랙]** 버튼을 터치하면 시퀀서 화면(트랙 뷰)으로 전환됩니다. 이제 루프 브라우저를 활용할 준비가 되었습니다.

 **오렌지노 특강 트랙 버튼이 안보일 때**

간혹 아이패드 기종과 개러지밴드 버전에 따라, 악기 연주 화면에서 [트랙] 버튼이 보이지 않는 경우가 있습니다. 이럴 땐 위쪽의 [녹음] 버튼을 누르고 아무 연주라도 녹음을 하면 트랙 버튼이 나와 시퀀서 화면으로 넘어갈 수 있습니다.

Apple Loops와 루프 브라우저

시퀀서 화면 오른쪽 위에 **[루프 브라우저]** 버튼을 터치하면 아래와 같이 루프 브라우저가 열립니다.

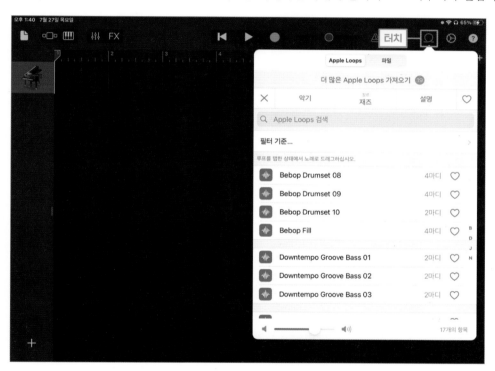

약 2천 개의 Apple Loops를 확인할 수 있습니다. 여기서 **[더 많은 Apple Loops 가져오기]**를 터치하면 사운드 라이브러리로 이동합니다. 여기서 사운드 팩을 다운로드하면 Apple Loops를 추가로 가져올 수 있습니다. 저장 공간에 여유가 있다면 최대한 많은 Apple Loops를 활용해 보세요.

악기, 장르, 설명으로 루프 찾기

현실적으로 이렇게 많은 루프를 전부 직접 듣고 선택하기는 어렵습니다. 따라서 조건을 필터링하여 필요한 루프들을 검색할 수 있습니다. 각각 [악기], [장르], [설명]을 터치하여 확인합니다.

- **악기:** 드럼, 기타, 피아노 등 원하는 악기로 필터링을 합니다. 한 번에 하나의 악기만 검색할 수 있습니다.

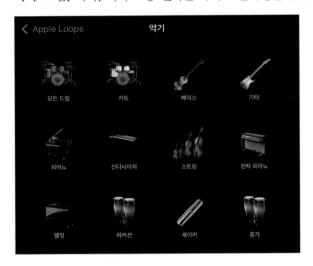

- **장르:** 락/블루스, 일렉트로닉, 재즈 등 원하는 장르로 필터링을 합니다. 한 번에 하나의 장르만 검색할 수 있습니다.

- **설명:** 싱글/앙상블, 왜곡 안 함/왜곡됨 등 특징이 대조되는 설명으로 필터링을 합니다. 싱글과 앙상블은 특징이 반대이기 때문에 동시에 선택할 수 없습니다. 단, 9개의 쌍은 필터링을 중복하여 검색할 수 있습니다. 예를 들어, 어쿠스틱과 일렉트릭을 동시에 선택할 수 없지만 어쿠스틱, 편안함, 멜로디는 동시에 선택하여 검색할 수 있습니다.

검색 조건은 악기, 장르, 설명을 모두 만족하는 결과로 적용되어 루프들이 나옵니다. [**악기**]에서 모든 드럼, [**장르**]에서 락/블루스, [**설명**]에서 편안함과 어쿠스틱을 선택하니 아래와 같이 루프가 필터링이 되어 표시되었습니다.

처음부터 다시 검색하려면 왼쪽 위의 [X]를 터치하여 검색 조건을 초기화할 수 있습니다. 또한 검색 창에 직접 루프를 검색할 수 있고, [필터 기준]을 터치하면 [사운드 팩], [유형], [음계]를 기준으로 자세하게 추려낼 수 있습니다.

- **사운드 팩:** 사운드 라이브러리에서 추가한 사운드 팩을 기준으로 검색
- **유형:** 모든 루프, 오디오 루프, 소프트웨어 악기 루프, Drummer 루프 중에 선택
- **음계:** 멜로디를 모두, 장조, 단조, 둘 다, 둘 다 아님 중에 선택

루프 미리 듣기

루프 목록에서 하나를 선택해 이름 왼쪽의 [미리 듣기] 버튼을 터치하면 재생됩니다. 또한 아래쪽에 있는 음량 슬라이더를 좌우로 조절하면 볼륨을 조절할 수 있습니다. 프로젝트 영역에서 샘플링을 하기 전에 조화로운 루프를 찾기 위한 용도로 사용합니다.

루프의 길이는 루프명의 오른쪽에 표시됩니다. 대체로 마디 수가 표시되며, 루프 중에서 사운드 효과에 속하는 일부 오디오 루프는 00:01처럼 시간의 길이로 표시됩니다.

마음에 드는 루프는 하트 모양의 [즐겨찾기] 버튼을 터치하여 저장해 두면, 다음에도 쉽게 찾을 수 있습니다. 저장된 루프는 오른쪽 위의 [즐겨찾기] 버튼을 터치하여 확인할 수 있습니다.

오렌지노 특강 샘플 듣기는 다다익선

각 악기, 장르 등의 카테고리를 골라 다양한 루프를 들어보면 그 악기나 장르의 특성을 이해하기 쉬워집니다. 디자인 감각은 다양한 작품을 많이 볼수록 좋아진다고 합니다. 음악에 대한 감각도 마찬가지입니다. 그러므로 많은 샘플을 들어 볼수록 좋은 결과를 얻을 가능성이 높아질 것입니다. 루프를 선택하기 전에 가능한 한 다양한 루프를 들어 볼 것을 추천합니다. 나중에 좀 더 다양한 작곡을 위한 감각을 쌓기 위해 다양한 장르의 곡을 최대한 많이 들어보세요.

LESSON 02

Apple Loops의 유형과 BPM 이해하기

지난 레슨에서 개러지밴드의 Apple Loops를 간단하게 살펴보았습니다. 여기서는 Apple Loops의 3가지 유형을 더욱 자세히 알아 보겠습니다.

Apple Loops의 3가지 유형

Apple Loops는 초록색의 소프트웨어 악기 루프, 노란색의 Drummer 루프, 파란색의 오디오 루프로 나누어집니다.

소프트웨어 악기 루프

소프트웨어 악기 루프는 초록색 아이콘으로 표시되며, 상세 편집이 가능한 루프입니다. 기존에 컴퓨터 음악을 한 경험이 있다면, MIDI 작업을 하면서 했던 편집 작업과 비슷하기 때문에 소프트웨어 악기 루프를 자유롭게 편집할 수 있을 것입니다.

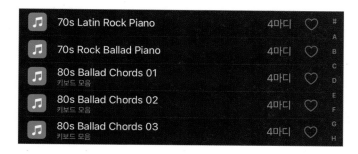

사용된 악기의 사운드를 변경하거나 음을 세세하게 수정할 수도 있으므로, 더욱 개성 있는 스타일로 편집하기에 유용한 루프입니다.

오렌지노 특강 MIDI란?

MIDI(Musical Instrument Digital Interface)는 컴퓨터로 음악을 만들 때 디지털 신호를 주고받기 위한 규약입니다. '어떤 특정 음을 어떤 세기와 길이로 연주한다' 등의 정보로 기록되는 방식입니다. 작곡, 편곡을 위한 음악 프로그램인 DAW(Digital Audio Workstation)는 이러한 표준에 따라 제작할 수 있습니다.

Drummer 루프

Drummer 루프는 노란색 아이콘으로 표시되며, 개러지밴드 드럼 기능 중 하나인 Drummer 설정에 맞게 편집할 수 있는 루프입니다. 실제처럼 연주하는 가상 Drummer 화면에서 연주하는 악기, 방식 등의 패턴을 조절하여 편집 가능합니다. 다만 소프트웨어 악기 루프처럼 원하는 방향으로 정확하게 편집하기에는 무리가 있습니다.

오디오 루프

오디오 루프는 파란색 아이콘으로 표시되며, 사운드 파일로 녹음되기 때문에, 세부적인 편집이 불가능합니다. 따라서 오디오 루프는 소프트웨어 악기 루프와 Drummer 루프에 비해 편집에 제약이 많습니다. MIDI 정보가 아닌 녹음된 음원으로 구성되어 있으므로, 프로젝트에 넣을 때 소프트웨어 악기 트랙에 넣을 수 없고 오디오 트랙에만 넣을 수 있습니다.

이러한 오디오 루프는 다시 2가지 종류로 구분할 수 있습니다. 먼저 길이가 2마디, 4마디와 같이 마디 수가 표시되어 있어서 BPM에 맞게 빠르기를 수정할 수 있는 것이 있습니다. 그리고 비트가 00:03과 같이 시간으로 기록되어 빠르기를 수정할 수 없는 루프가 있습니다. 후자는 주로 꾸미는 사운드이기 때문에, 곡의 빠르기에 큰 영향을 주지 않는 효과음 루프가 많습니다.

🎵 BPM이란?

곡의 빠르기를 템포(Tempo)라고 부르는데, BPM(Beats Per Minute)은 템포의 단위입니다. 그래서 본격적인 루프 믹싱에 앞서 먼저 BPM을 설정해야 합니다. ❶ 오른쪽 위의 **[설정]** 버튼을 터치합니다.

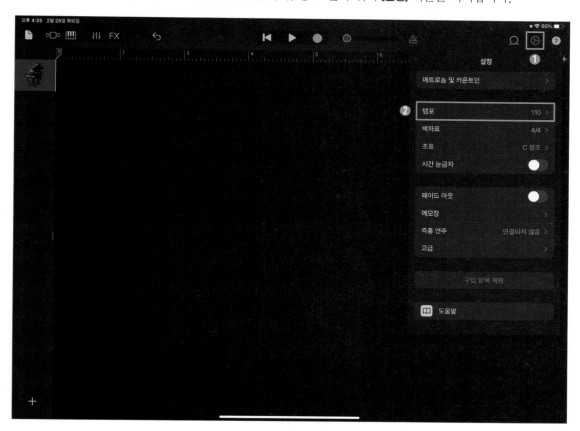

위의 그림에서 ❷ **[템포]**의 '110'이 바로 BPM을 표시하는 숫자입니다. BPM은 1분에 몇 개의 비트로 구성된 빠르기인지를 의미합니다. 숫자가 클수록 비트는 빨라집니다. 즉, 1초에 '똑', '딱' 2회 움직이는 추가 있다고 가정하면 이 비트는 BPM 120으로 표현할 수 있습니다. BPM은 최소 '5'부터 최대 '990'까지 설정할 수 있습니다. 이렇게 음악을 만들기에 앞서, 의도한 분위기에 어울리는 BPM을 먼저 설정하는 것이 좋습니다.

드럼을 배운 적이 있나요? 드러머는 라이브 공연을 할 때 계속 동일한 BPM을 유지하며 연주할 수 있어야 합니다. 그래서 드러머는 메트로놈으로 특정 BPM을 틀어 놓고 연습용 패드를 수없이 치며 그 감각을 익히는 훈련을 합니다. 이 훈련이 잘 되어 있다면 음악을 듣고 BPM이 몇인지 바로 파악할 수도 있습니다.

> 🔊 **TIP** 메트로놈은 특정 BPM을 선택하면 해당하는 빠르기로 소리를 들려주는 도구입니다. 드럼뿐 아니라 피아노 등 다양한 악기를 연습할 때 특정 BPM에 맞게 연주할 수 있도록 도와줍니다.

BPM을 수정하는 방법

설정 메뉴에서 템포를 터치한 뒤, 숫자 옆의 화살표를 터치하거나 위아래로 슬라이드하면 숫자가 변합니다.

[탭하여 템포 설정]은 정확한 수치는 모르지만 원하는 빠르기의 비트가 있을 때 더욱 유용합니다. 혹은 특정 곡을 레퍼런스로 삼아 같은 BPM으로 만들 때도 유용합니다. 이런 작업에 대해 흔히 작곡가들은 'BPM을 딴다'고 말합니다.

[탭하여 템포 설정]의 영역을 일정한 박자로 계속 터치하면 그 평균값을 BPM으로 나타내 줍니다. 따라서 같은 BPM으로 만들고 싶은 곡을 틀어 놓고 그 박자에 맞게 템포를 계속 터치하면 그 곡과 같은 BPM을 찾을 수 있게 됩니다.

🎙 오렌지노 특강 │ 이미 만든 배경음악의 길이가 영상보다 짧다면?

자신이 만든 영상 전체에 개러지밴드로 직접 배경음악을 만들어서 넣는다고 가정해 봅시다. 만약, 영상은 3분 분량인데, 여기에 적합한 음악을 완성했더니 총 2분 45초가 나오면 어떻게 할까요? 가장 간단한 방법으로는 음악을 15초를 추가로 만들면 됩니다. 다른 방법으로는 BPM을 아주 조금씩 느리게 수정하며, 전체적인 재생 시간이 늘어나게 만드는 방법도 있습니다. 하지만 BPM은 음악의 전체적인 분위기에 영향을 줍니다. 이를 해치지 않는 선에서 영상과 음악의 길이를 미리 설정하는 것이 좋습니다.

LESSON

03

루프 믹싱 준비하기

어울리는 루프들을 조합하여 곡을 만들어 보겠습니다. 전문적인 음악 지식이 없어도 지금까지 음악을 즐기면서 쌓은 감각을 발휘해 보세요.

기본적인 곡 정보 설정하기

루프 믹싱은 사용할 루프를 선택해서 배치만 하면 되는 간단한 작업입니다. 과정 자체는 어렵지 않습니다. 하지만 2개 이상의 루프를 동시에 재생할 때 루프끼리 잘 어울리는지 판단할 수 있는 음악적인 감각이 필요합니다.

기본적인 곡 설정에는 템포, 박자, 조성 등이 있습니다. 이는 곡 작업 후에도 수정할 수 있지만 일반적으로 는 먼저 의도에 맞게 설정하고 작업을 시작하는 편입니다. 먼저 BPM(템포)을 설정합니다. 자신에게 익숙한 BPM을 기준으로 더 빠른 곡을 원하면 숫자를 높게, 더 느린 곡을 원하면 숫자를 낮게 설정하면 됩니다. BPM을 확인할 수 있는 Drummer 루프를 배치하여 실시간으로 템포를 맞춰보겠습니다.

01 ❶ 루프 브라우저를 열어, **[악기]**에서 **[모든 드럼]**을 선택합니다. 검색된 드럼 루프들 중에서 하나를 선택한 뒤 아래 그림과 같이, ❷ 새로운 트랙(악기 아이콘이 없는 빈 자리)의 맨 앞으로 끌어옵니다.

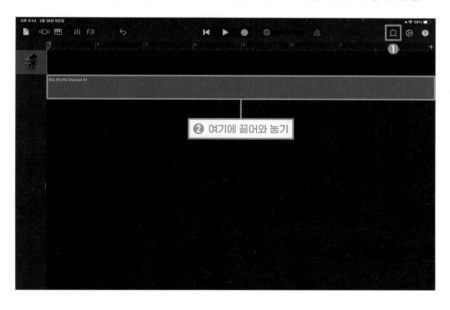

02 새로운 드럼 트랙이 생성되고 가져온 루프가 8마디로 채워집니다.

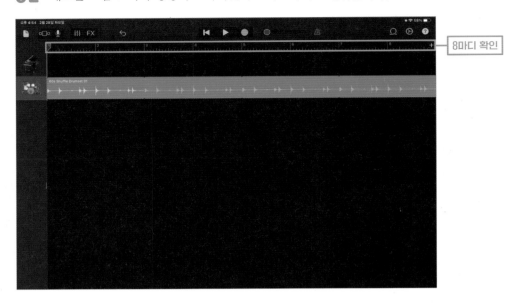

8마디 확인

03 이제 ❶ 중앙 위쪽의 [재생] 버튼을 누르면 새로운 드럼 루프가 재생됩니다. 이때 ❷ [메트로놈] 버튼이 파란색으로 활성화되어 있으면 드럼 비트와 동시에 재생되기 때문에 터치하여 흰색으로 비활성화합니다. ❸ [설정]에서 [템포]를 선택하고 ❹ BPM을 설정합니다.

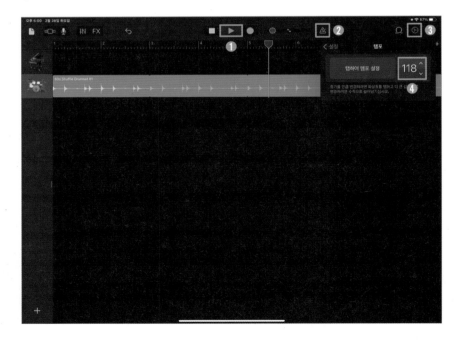

◀ **TIP** 드럼 루프가 재생되는 상태에서 다시 [설정]에서 [템포]를 열어서, 실시간으로 템포를 조절하며 빠르기의 차이를 느껴 봅니다. 원하는 빠르기가 나오면 재생을 중단하고 다음 설정으로 넘어갑니다.

04 이번엔 박자를 설정합니다. **[설정]**에서 **[박자표]**를 열어서 박자를 설정할 수 있습니다. 기본으로 설정되어 있는 4/4 박자는 대중가요에서 대부분 적용되는 박자입니다. 그러므로 특별한 의도가 없다면 수정하지 않고 그대로 쓰도록 합니다.

오렌지노 특강 루프 믹싱과 박자표

왈츠 느낌을 위해 3/4 박자 혹은 6/8 박자로 수정하는 경우가 있지만, 루프 믹싱에서는 4/4 박자 외의 다른 박자를 추천하지 않습니다. 루프 브라우저에 있는 대부분의 루프가 4/4 박자에 최적화되어 있어서 박자를 변경하면 조화로운 구성이 어려워지기 때문입니다.

05 **[설정]**에서 **[조표]**를 열어서 키(Key)를 설정할 수 있습니다. 노래의 키를 변경하면 Touch 악기(오디오 레코더 및 앰프 제외) 녹음이 새로운 키에 맞춰 변경됩니다. 처음에는 **[노래 키 따르기]**가 활성화된 상태이기 때문에 Apple Loops 또한 새로운 키에 맞게 변경됩니다. 만약 자동으로 키를 변경하고 싶지 않다면, 비활성화를 할 수도 있습니다. 그러나 일반적으로는 이 기능을 활성화하는 것이 편리합니다.

◀ **TIP** 음악 기초 이론의 음계에 해당하는 키는 107쪽을 확인하세요.

🎵 악기를 어울리게 조합하기

앞서의 실습에서 루프를 가져와 배치시키는 것만으로 간단한 곡을 만드는 법을 알아보았습니다. 하지만 루프를 재생해 보면 뭔가 부자연스럽고, 듣기에 좋지 않았을 것입니다. 이제 자연스러운 조합, 어울리는 루프 조합을 찾아 배치해야 합니다.

> 🎙️ **오렌지노 특강 다수의 트랙이 조화롭게 들리기 위해선 욕심을 줄인다**
>
> 여러 트랙을 사용하여 루프들을 동시에 재생할 때 주의해야 할 점이 있습니다. 예를 들어, 잔잔한 멜로디의 루프는 다른 루프와 함께 재생하면 잘 어우러지기보다 방해가 되는 경우가 많아서, 가급적 다른 루프와 겹쳐서 재생되지 않도록 배치하는 것이 좋습니다. 이처럼 처음부터 여러 개를 추가하며 재생하면 정말로 어울리는 조합을 찾기가 어려울 수도 있습니다. 아직 감이 부족하다면 기본적인 드럼 루프에 한두 개의 악기 루프만 동시에 배치하여 재생해 보는 것이 좋습니다.

먼저 서로 어울리는 악기 조합을 살펴봅니다. 루프 브라우저에서 **[악기]** 탭을 열면 아래의 그림처럼 다양한 악기 목록이 표시됩니다. 이 악기들 중 서로 어울리는 악기들의 조합을 찾아야 합니다.

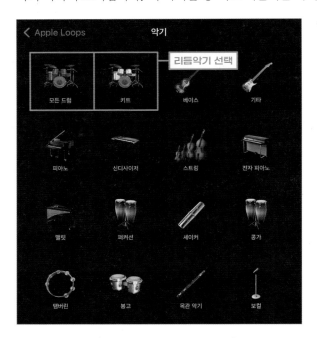

먼저 **[모든 드럼]** 혹은 **[키트]**를 선택하여 원하는 리듬악기 루프를 선택합니다. 혹은 **[필터 기준]**을 터치하고 **[사운드 팩]**을 열면 비슷한 느낌의 루프들 중에서 고를 수 있어서 더 수월합니다. 만약 이국적인 느낌의 음악을 만들고 싶다면 드럼 대신에 같은 타악기인 **[퍼커션]**을 선택할 수 있습니다.

그 외에도 [셰이커], [콩가], [탬버린], [봉고] 등을 선택하여 기본 리듬을 구성하면 아프리카, 라틴 장르의 음악을 만들 수 있습니다.

▲ 쿠바의 타악기 콩가

드럼, 신디사이저, 일렉 기타, 베이스 등으로 구성하여 록 분위기로 조합하는 것도 좋은 방법입니다. 반대로 어쿠스틱(전자 악기가 아닌 조합) 느낌을 내기 위해 피아노, 어쿠스틱 기타, 스트링, 목관 악기, 금관 악기 조합을 사용하는 것도 좋습니다. 어쿠스틱 기타는 [기타] 선택 후 검색 기능을 통해 'Acoustic'이 포함된 루프를 선택하면 됩니다.

▲ 드럼, 기타, 베이스 등으로 구성된 록 밴드

오케스트라 느낌을 주고 싶다면 [스트링]을 풍부하게 사용하면 됩니다. 그랜드피아노 소리가 추가되는 것도 좋습니다. [스트링]은 가급적 멜로디가 강하지 않은 루프를 사용하고 금관 악기, 목관 악기로 멜로디 라인을 만듭니다.

▲ 현악기, 관악기, 타악기를 모두 사용하는 오케스트라

🎵 장르와 스타일을 선택하기

이번에는 장르와 설명(스타일)을 먼저 선택하여, 다른 악기들이 동시에 재생되었을 때 조화롭게 들릴 수 있도록 해봅니다. 먼저 루프 브라우저에서 [장르] 탭부터 고릅니다.

장르를 선택했다면 이어서 [악기] 탭에서 앞서 설명했던 어울리는 악기 조합으로 트랙을 구성하면 됩니다. 좀 더 세부적으로 루프를 필터링하고 싶다면 [설명] 탭에서 스타일까지 선택합니다. 이렇게 다양한 조건을 지정하면 좀 더 원하는 느낌의 루프를 찾을 수 있을 것입니다.

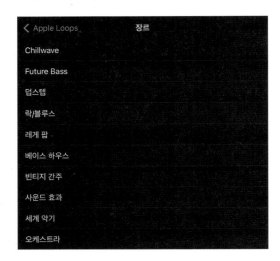

예를 들어 **[장르]** 탭의 락/블루스, **[설명]** 탭의 일렉트릭을 선택하면 베이스, 기타, 전자 피아노 악기를 선택할수 있습니다. 이 악기들의 루프들을 골라 3개의 트랙으로 배치하면 동일한 장르와 스타일 안에서 고른 루프이기 때문에, 3개의 트랙을 동시에 재생해도 어울립니다.

이렇게 최종적으로 필터링하여 찾은 루프를 미리 들어 보고 조합하여 어울리는 루프들을 배치하는 것이루프 믹싱의 시작입니다.

GarageBand

LESSON 04

시퀀서 편집에 익숙해지기

루프 믹싱을 위한 기본 정보 설정부터 적절한 루프를 찾는 요령까지 배웠다면 다음으로 루프 브라우저에서 트랙으로 옮긴 루프들을 편집하는 방법을 알아볼 차례입니다.

🎵 루프 반복하기

개러지밴드에서 제공하는 루프들은 1마디, 2마디, 4마디, 8마디 등 다양한 길이가 있습니다. 그러므로 원하는 길이에 맞게 편집해야 합니다.

루프를 트랙에 배치한 후 편집할 루프를 한 번 터치하면 선택이 되고, 두 번 터치하면 기본적인 편집 메뉴가 표시됩니다. 이렇게 편집 메뉴를 이용하여 루프를 반복하거나 자르고 이동하여 곡을 완성해 나가야 합니다.

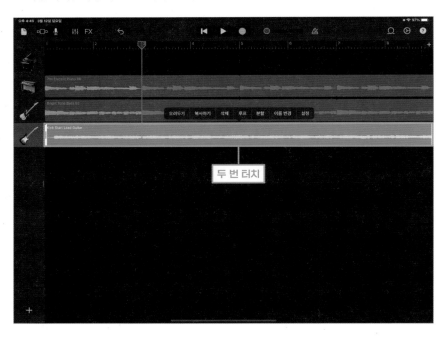

01 먼저 Apple Loops를 트랙에 가져오면 그 위치부터 마디 끝까지 반복되도록 배치됩니다. 아래의 그림에서는 전자피아노 루프와 베이스 루프, 기타 루프를 배치했습니다. 2마디 길이의 전자피아노 루프는 1마디 파트에 배치하여 1~8마디가 반복으로 채워졌습니다. 2마디 길이의 베이스 루프는 3마디 파트부터 배치하여 3~8마디로 반복됩니다. 8마디로 구성된 기타 루프는 반복 없이 8마디가 모두 배치되어 있습니다. 반복 루프는 원래보다 흐리게 표시되기 때문에 구분할 수 있습니다.

02 반복 루프로 되어 있는 루프를 한 번 터치하여 선택한 뒤 가장 끝 부분을 터치하여 왼쪽으로 슬라이드하면 반복되는 루프 길이를 줄이는 등 조절을 할 수 있습니다. 반복 루프 길이 조절은 원래 길이보다 더 짧게 줄일 수는 없습니다. 2마디까지 줄이면 반복되지 않은 루프가 되고, 여기에서 한 번 더 터치하면 다시 줄일 수 있습니다.

◀𝐓𝐈𝐏 반복된 루프는, 기본이 되는 루프를 그대로 둔 채 반복되는 길이를 조절할 수 있고, 반복되지 않은 단독 루프는 자체 길이를 줄일 수 있습니다.

03 마찬가지로 8마디로 구성된 반복되지 않은 기타 루프를 선택하여 끝부분을 슬라이드하여 줄이거나 늘일 수 있습니다.

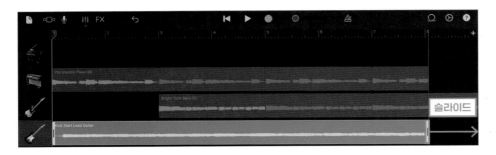

🎵 루프 자르고 붙이기

루프를 편집할 때는 루프 반복처럼 원래 길이보다 더 길게 쓰는 경우가 일반적입니다. 하지만 반대의 경우도 있습니다. 루프가 너무 길어서 일부를 자르거나, 특정한 부분을 잘라서 여러 위치에 나눠서 붙이거나, 아예 일부만 필요해서 나머지는 버리기도 합니다. 뒷부분을 자르고 싶다면 위에서 배운 루프 길이를 변경하는 방법으로 자르면 됩니다. 하지만 앞부분을 자르고 싶다면 '영역 분할' 기능을 써야 합니다.

01 먼저 분할할 영역을 터치하여 선택한 뒤 **[분할]**을 선택합니다.

02 가위 모양의 분할 표시자가 나타나면 좌우로 슬라이드하며 정확하게 자를 위치로 옮깁니다.

03 분할 표시자를 아래 방향으로 슬라이드하면 그 위치가 각자 다른 영역으로 분할됩니다.

04 이렇게 분할된 영역은 다른 트랙이나 다른 마디로 슬라이드할 수 있습니다. 또한 **[복사하기]** 혹은 **[오려두기]**를 선택하고, 빈 영역에 재생헤드를 옮긴 다음에, 터치하여 나온 메뉴에서 **[붙이기]**를 할 수 있습니다.

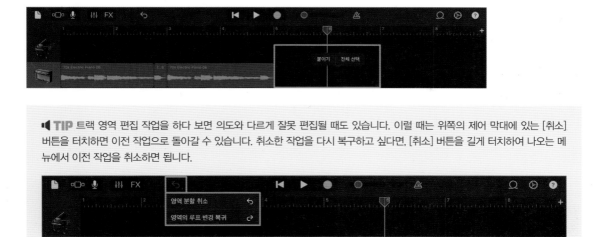

◀ **TIP** 트랙 영역 편집 작업을 하다 보면 의도와 다르게 잘못 편집될 때도 있습니다. 이럴 때는 위쪽의 제어 막대에 있는 [취소] 버튼을 터치하면 이전 작업으로 돌아갈 수 있습니다. 취소한 작업을 다시 복구하고 싶다면, [취소] 버튼을 길게 터치하여 나오는 메뉴에서 이전 작업을 취소하면 됩니다.

영역 세부 설정

Live Loops의 셀 영역 설정과 마찬가지로 시퀀서 화면에서의 영역도 세부적으로 설정할 수 있습니다. 편집을 원하는 영역을 두 번 터치하여 나오는 메뉴에서 **[설정]**을 터치합니다.

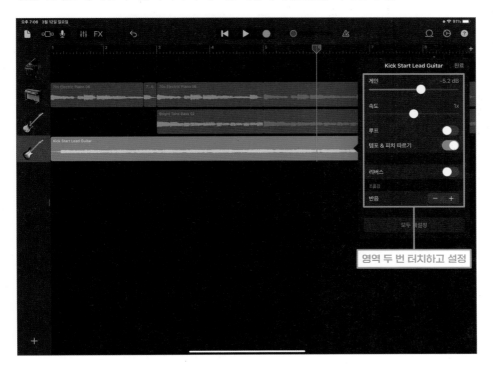

오디오 루프는 게인, 속도, 루프, 템포 & 피치 따르기, 리버스, 조옮김을 편집할 수 있습니다.

- **게인:** 오디오 루프 볼륨 조절

- **속도:** 1/4X ~ 4X 재생 배속 설정

- **루프:** 루프 반복 설정

- **템포 & 피치 따르기:** 오디오 루프를 프로젝트 템포와 조표에 맞춤

- **리버스:** 역재생

- **조옮김:** 오디오 루프의 음을 반음씩 조절

소프트웨어 악기 루프는 ❶ [벨로시티]로 볼륨을 조절합니다. ❷ 조옮김은 반음뿐 아니라 옥타브(12개의 반음씩) 조절이 가능합니다.

오디오 루프에 없는 퀀타이즈 기능은 설정하는 음표 길이에 따라 더 정확한 리듬으로 만들어주는 타이밍 수정 기능으로, 연주 부분에서 더욱 자세히 설명하겠습니다. Drummer 루프 설정은 벨로시티, 속도, 루프, 리버스를 편집할 수 있습니다.

배경음악 제작으로
작곡 맛보기

루프 영역 편집 방법을 배웠으니
이제 본격적으로 다양한 장르의 배경음악을 만들어 보겠습니다.

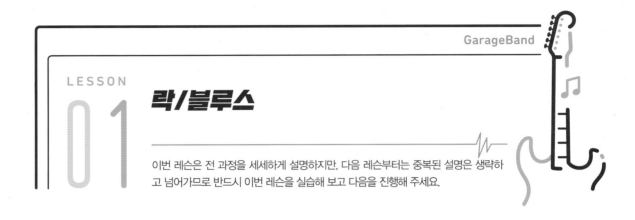

LESSON 01

락/블루스

이번 레슨은 전 과정을 세세하게 설명하지만, 다음 레슨부터는 중복된 설명은 생략하고 넘어가므로 반드시 이번 레슨을 실습해 보고 다음을 진행해 주세요.

🎵 프로젝트 시작하고 악기 선택하기

지금까지 Apple Loops를 트랙에 배치한 루프를 반복하거나 잘라서 붙이는 등의 편집 과정으로 음악을 만드는 가장 기본적인 방법을 알아보았습니다. 하지만 이는 기능을 설명하기 위한 연습이었을 뿐 진정으로 음악을 만들었다고 할 수는 없습니다. 개러지밴드를 처음 시도한다면 이 과정이 다소 어렵게 느껴질 수 있습니다. 시간이 걸리더라도 꼼꼼하게 확인하고 차근차근 따라해 보기를 당부합니다. 이 과정만 잘 넘기면 앞으로 다양한 음악을 직접 만들 수 있을 것입니다.

> **⊙ 곡 스타일 설정**
> • **템포:** 114 bpm
> • **박자표:** 4/4 박자
> • **조표:** C장조

01 나의 노래 화면에서 **[새 프로젝트]**를 열어 시퀀서 화면으로 이동해 주세요. 제일 먼저 해야 할 작업은 프로젝트 설정을 통해 곡 스타일을 세팅하는 것입니다. 기본 세팅에서 템포만 '114'로 수정합니다.

02 루프 브라우저에서 **[장르]** 탭을 **[락/블루스]**로 선택합니다. 추가 사운드팩을 설치하지 않고도 사용할 수 있는 Apple Loops는 집필 당시를 기준으로는 177개 이상의 항목을 볼 수 있습니다. **[악기]**는 모든 드럼, 키트, 베이스, 기타, 전자 피아노, 퍼커션, 셰이커로 구성되어 있습니다.

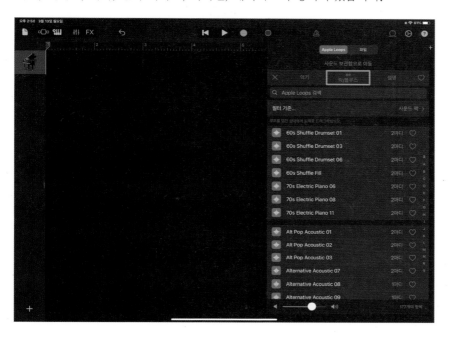

03 이 악기들로 트랙을 구성하여 루프를 배치해보도록 하겠습니다. ❶ 먼저 리듬악기부터 넣기 위해 악기를 **[모든 드럼]**으로 선택합니다. ❷ 드럼 루프들 중 **[Funked Out Drumset 01]**을 검색 또는 슬라이드하여 찾습니다. ❸ 찾은 루프를 새로운 트랙 앞으로 가져와서 반복된 루프가 있는 드럼 트랙을 생성합니다.

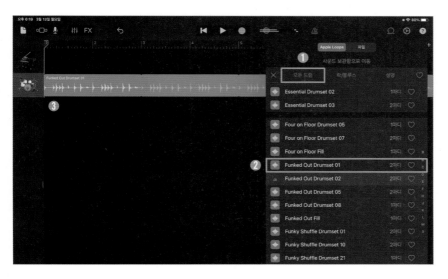

04 Apple Loops를 넣은 첫 트랙을 생성했으니 이제 처음 시퀀서 화면을 열기 위해 만든 임의의 악기 트랙을 삭제하겠습니다. 트랙 헤더에서 악기 아이콘을 터치하여 메뉴를 열고 트랙을 삭제합니다.

◀ **TIP** [메트로놈] 버튼이 파란색으로 활성화된 상태라면 터치하여 비활성화합니다. 메트로놈은 멜로디 등의 악기를 연주할 때 정확한 박자에 맞출 수 있는 가이드 비트를 재생하는 기능이기 때문에, 리듬 트랙을 기본으로 넣는다면 오히려 방해가 됩니다.

05 ❶ [재생] 버튼을 누르면 드럼 루프가 재생됩니다. 이제 베이스를 넣어봅니다. ❷ 악기를 [베이스]로 선택한 뒤 ❸ [Rock Bass]를 슬라이드하여 새 트랙을 추가합니다.

06 이번에는 악기를 [기타]로 변경한 뒤 [Indie Rock Riffing 01]로 새 트랙을 추가합니다.

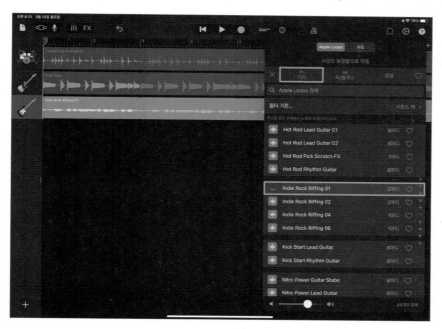

07 다음은 [전자 피아노]의 [70s Electric Piano 08]로 새 트랙을 추가합니다.

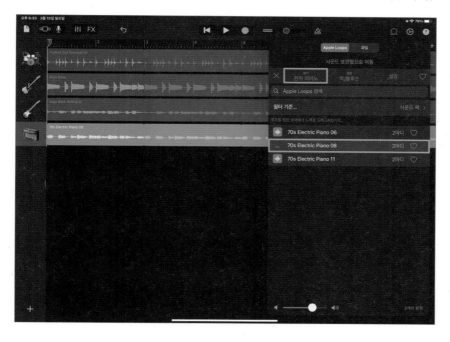

08 마지막으로 흥을 돋우는 퍼커션을 넣어 보겠습니다. 악기에서 **[퍼커션]**을 선택하고 **[Big Maracas 01]**으로 새 트랙을 추가합니다.

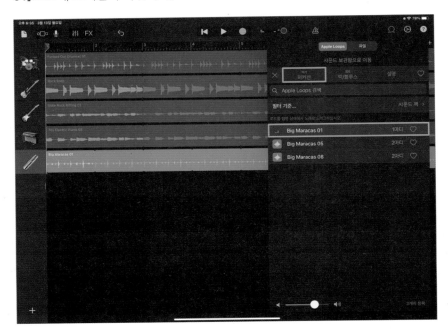

09 **[재생]** 버튼을 누르면 5개의 악기로 이루어진 트랙이 동시에 반복 재생됩니다. 벌써 하나의 음악이 완성된 것 같죠? 하지만 8마디의 음악은 너무 짧습니다. 이제부터 더 긴 음악을 만들기 위하여 노래 섹션에 대해 알아보겠습니다.

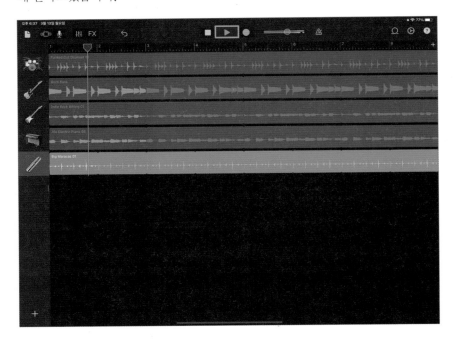

🎵 락/블루스 섹션별로 편집하기

간단한 시퀀서 편집으로 기본 8마디를 만들어 보았습니다. 그럴싸한 음악을 만들기 위해선 8마디로는 부족합니다. 이제 추가로 노래 섹션을 만들어 보겠습니다.

섹션 추가하는 법

01 오른쪽 위에 **[노래 섹션]** 버튼을 터치합니다.

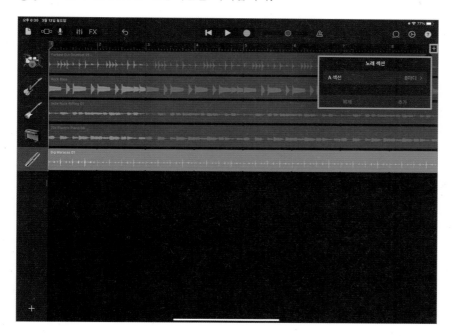

02 기본적으로 비어 있는 8마디로 구성된 A섹션이 있습니다. 이런 섹션들을 추가하여 긴 음악을 구성할 수 있습니다. A섹션을 터치하여 **[자동]**을 끄면, 수동으로 섹션 길이를 변경할 수 있습니다. 여기서는 8마디라는 길이는 그대로 유지하고 **[자동]**만 끄겠습니다.

오렌지노 특강 **섹션 길이는 수동으로 조절하자**

섹션의 녹음을 길이에 자동으로 맞추도록 설정할 수 있습니다. 그러나 즉흥 연주를 의도했거나, 긴 외부 음악을 불러오는 경우가 아니라면 그다지 효율적이지 않습니다. 따라서 [자동] 버튼은 비활성화하는 편이 낫습니다. 수동으로 섹션 길이의 마디 수를 변경할 수 있습니다. 섹션 길이를 늘이면 그만큼 새로 채워진 섹션이 나오고, 마디를 줄이면 뒷부분이 삭제됩니다.

03 ❶ 다시 [**노래 섹션**] 버튼을 터치하고 섹션을 추가해보겠습니다. ❷ 먼저 [**복제**]를 터치하면 A섹션이 복제된 B섹션이 생성됩니다.

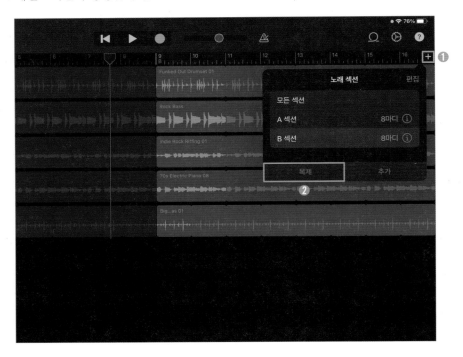

◀ **TIP** 만약 [추가] 버튼을 터치하면 트랙이 복제되지 않은, 비어 있는 섹션이 생성됩니다.

04 다시 **[노래 섹션]** 버튼을 터치합니다. 이제는 2개 이상의 섹션이 있기에 **[모든 섹션]**을 선택할 수 있게 되었습니다. 또한 하나의 섹션만 있을 땐 **[복제]**를 누르면 A섹션이 바로 복제되지만, 이제 A, B 중 복제할 섹션을 선택해서, 해당 섹션을 복제할 수 있습니다. 지금은 A섹션 그대로 선택된 상태에서 A, B, C, D 총 4개의 섹션을 생성합니다.

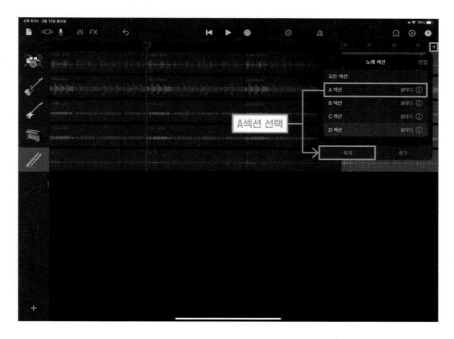

섹션 편집하는 법

다시 **[노래 섹션]** 창을 열어 **[모든 섹션]**을 선택합니다. 이제 4개의 섹션을 한 화면에서 편집할 수 있게 됩니다. 이제 4개의 섹션을 조금씩 다르게 만들어 봅니다.

01 먼저 도입부인 A섹션에서 기타 루프의 길이를 4마디로 줄여, 5~8마디로 옮깁니다.

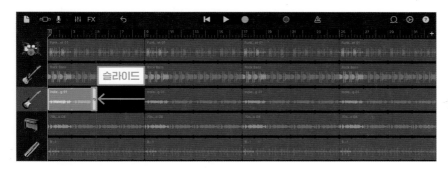

02 다음으로 전자 피아노와 퍼커션 영역을 삭제하여 아래와 같이 구성합니다.

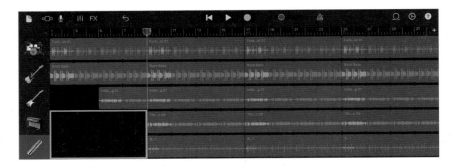

03 이제 B섹션의 기타, 셰이커 트랙을 삭제합니다.

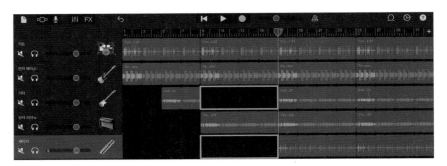

04 C섹션은 클라이맥스입니다. 따라서 모든 트랙이 동시에 재생되도록 그대로 둡니다. 기승전결로 구성하여 C섹션을 가장 돋보이는 구간으로 만들었습니다. 마지막으로 D섹션은 드럼 키트와 전자 피아노 트랙을 삭제하여 마무리 느낌을 줍니다.

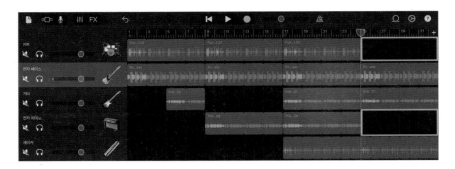

05 이제 재생헤드를 맨 앞으로 이동하고, 4개 섹션을 차례로 재생하며 곡의 분위기가 어떻게 달라지는지 들어 봅니다. 5개 트랙을 모두 채운 뒤 섹션에 따라 영역을 덜어내는 것만으로 이렇게 분위기가 달라지는 구성을 만들 수 있습니다. 마지막으로 [나의 노래]로 돌아간 뒤 자동 저장된 프로젝트명(나의 노래 1)을 길게 터치하여 [이름 변경]으로 제목을 바꾸면 완성입니다.

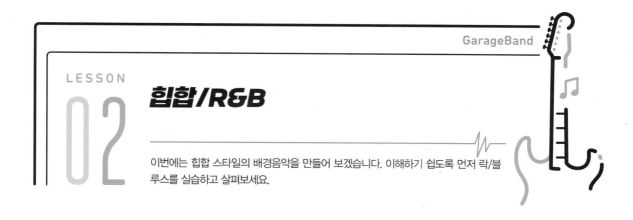

LESSON 02

힙합/R&B

이번에는 힙합 스타일의 배경음악을 만들어 보겠습니다. 이해하기 쉽도록 먼저 락/블루스를 실습하고 살펴보세요.

🎵 프로젝트 시작하고 악기 선택하기

나의 노래에서 **[새 프로젝트]**를 열고, 트랙 뷰 화면에서 **[설정]**을 열어 줍니다. 곡 스타일은 아래와 같이 세팅합니다. 세련된 느낌으로 만들기 위해 템포를 88 bpm, 조표는 E♭으로 설정해 보겠습니다.

> **◉ 곡 스타일 설정**
> • **템포:** 88 bpm
> • **박자표:** 4/4 박자
> • **조표:** E♭ 장조

루프 브라우저에서 장르를 **[힙합/R&B]**로 선택하면 기본 사운드팩 기준 약 300여 개의 루프를 볼 수 있습니다. 새로 생성된 8마디의 섹션을 아래와 같이 채워 줍니다.

A섹션

트랙	루프	길이(마디)
1	Diesel Power Beat 01	1~8
2	Diesel Power Synth Bass 01	1~8
3	Diesel Power Strings	5~8

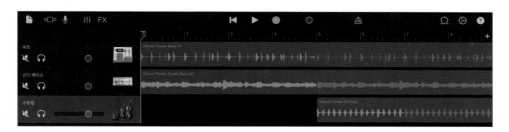

도입부는 [Diesel Power] 루프 조합으로 시작했는데, 이렇게 같은 이름으로 시작하는 루프들은 처음부터 잘 어울리게 고려된 루프이기에 함께 연주하면 잘 어울리는 조합이 됩니다. 현악기는 5마디부터 넣어 분위기를 점차 고조시킵니다.

B섹션

[노래 섹션] 버튼을 터치하여 A섹션을 복제하고 B섹션을 생성하겠습니다. 트랙1은 [Diesel Power Beat 01] 삭제 후 [Diesel Power Beat 02]로 수정하였습니다. 트랙2의 신디 베이스는 그대로 유지합니다.

트랙	루프	길이(마디)
1	Diesel Power Beat 02	9~16
2	Diesel Power Synth Bass 01	9~16
3	없음	없음
4	Hesitations Piano	9~16

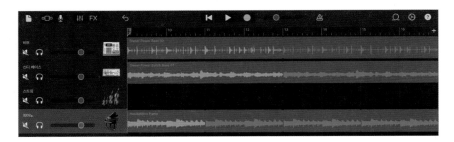

C섹션

[노래 섹션] 버튼을 터치하여 B섹션을 복제한 뒤 C섹션을 이어서 편집합니다. 트랙1, 2, 4의 반복된 루프를 줄이기 위해 루프를 터치하여 오른쪽 끝부분을 왼쪽으로 슬라이드하여 길이를 줄입니다.

트랙	루프	길이(마디)
1	Diesel Power Beat 02	17~24의 3/4
2	Diesel Power Synth Bass 01	17~24의 2/4
3	없음	없음
4	Hesitations Piano	17~24의 2/4
5	Diesel Power Vox FX	17, 19, 21

트랙 5에 보컬 루프를 가져오면 17~24마디까지 반복으로 채워집니다. 루프를 터치하고 줄여서 1마디 길이로 만듭니다. 그리고 영역을 [복사하기/붙이기]하여 17마디, 19마디, 21마디에 한 번씩 배치합니다.

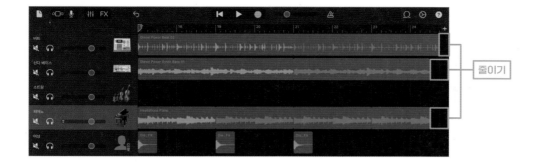

줄이기

C섹션이 완성되었습니다. B섹션에서 이어서 들으면 차이를 파악하기 쉬운데, 이렇게 작은 변화로 분위기를 바꿀 수 있습니다.

D섹션

[노래 섹션] 버튼을 터치하여 B섹션을 복제하여 D섹션을 생성합니다. 섹션을 복제할 때는 습관적으로 마지막 섹션만 복제하려고 할 수 있는데, 이번에는 C섹션이 아니라 B섹션을 선택하여 복제해야 합니다.

트랙	루프	길이(마디)
1	Diesel Power Beat 02	25~32
2	Diesel Power Synth Bass 02	25~32
3	Diesel Power Strings	25~32
4	없음	없음
5	없음	없음
6	Diesel Power Vox Lead 01	25~32

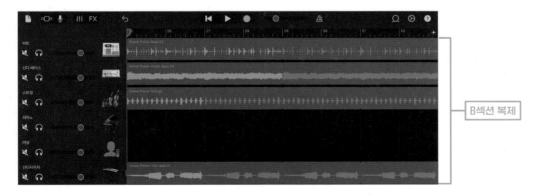

B섹션 복제

E섹션

D섹션을 복제한 뒤 E섹션을 이어서 편집합니다. D섹션과 거의 유사하지만 약간의 변화를 만들겠습니다. 다른 트랙은 그대로 두고, 트랙7에 루프를 추가하면 됩니다.

트랙	루프	길이(마디)
1	Diesel Power Beat 02	33~40
2	Diesel Power Synth Bass 02	33~40
3	Diesel Power Strings	33~40
4	없음	없음
5	없음	없음
6	Diesel Power Vox Lead 01	33~40
7	Drops of Rain Synth Plucks	33~40

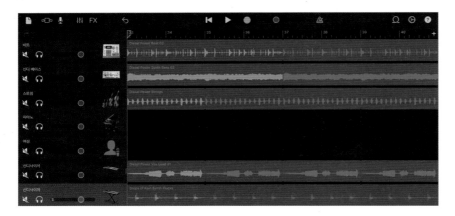

F섹션

A섹션을 복제하여 F섹션을 생성합니다. 트랙 1,2,3을 모두 아래와 같이 편집합니다.

트랙	루프	길이(마디)
1	Diesel Power Beat 01	41~44
2	Diesel Power Synth Bass 01	41~44
3	없음	없음

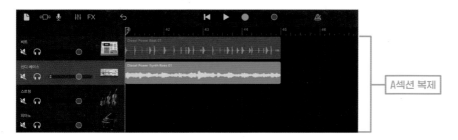

A섹션 복제

이렇게 A부터 F까지 총 7개의 섹션으로 구성된 힙합/R&B 배경음악을 만들었습니다. **[노래 섹션]** 창의 **[모든 섹션]**으로 보기 방법을 전환하면 7개의 트랙 구성을 한눈에 볼 수 있습니다.

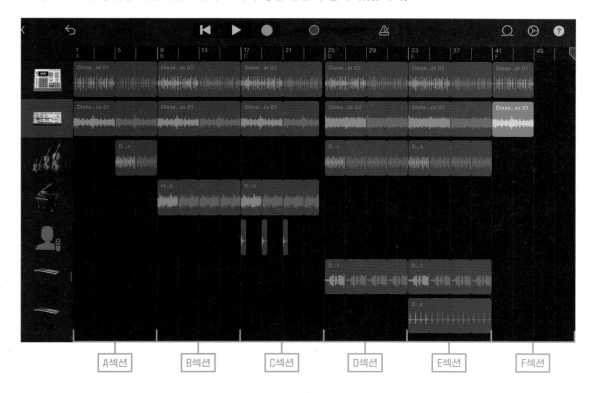

만약 자신의 실습과 다른 부분이 있다면, 해당 섹션의 설명으로 돌아가서 무엇을 빠트렸는지 확인하여 수정해 봅니다. 배경음악이 준비되었으니, 곡을 처음부터 재생해 프리스타일 랩을 하며 자신도 모르게 숨어 있던 힙합 정신을 발휘해 보세요.

◀◀ **TIP** 노래를 닫을 때는 잊지 말고 [나의 노래]로 돌아가, 자동으로 저장된 프로젝트를 원하는 이름으로 바꿔 줍니다.

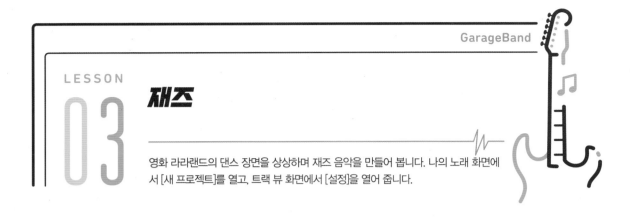

LESSON

03

재즈

영화 라라랜드의 댄스 장면을 상상하며 재즈 음악을 만들어 봅니다. 나의 노래 화면에서 [새 프로젝트]를 열고, 트랙 뷰 화면에서 [설정]을 열어 줍니다.

◉ 곡 스타일 설정
- **템포:** 115 bpm
- **박자표:** 4/4 박자
- **조표:** D 장조

♬ 재즈 섹션별로 편집하기

A섹션

먼저 A섹션의 길이를 8마디로 줄이고 시작하겠습니다. [노래 섹션] 버튼을 터치하여 A섹션을 4마디로 줄입니다. 루프 브라우저에서 [장르] 탭을 [재즈]로 선택합니다. 집필 시기를 기준으로 17개의 항목만 나오는데, 이렇게 루프 개수가 적어도 재즈 음악을 멋지게 만들 수 있습니다. 트랙2에 2가지 종류의 루프를 사용합니다.

트랙	루프	길이(마디)
1	Bebop Fill	1~4
2	NuJazz Jam Gutar 05	1, 2
	NuJazz Jam Gutar 04	3, 4

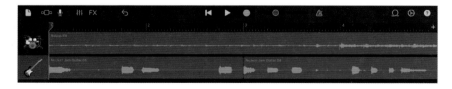

B섹션

[노래 섹션] 창에서 A섹션 복제하고 길이를 8마디로 늘입니다. 트랙 1부터 4까지 다음과 같이 B섹션을 만들어 봅니다.

트랙	루프	길이(마디)
1	Bebop Drumset 10	5~12
2	없음	없음
3	Downtempo Groove Bass 02	5~12
	Jazz Hustle Flute 04	5, 6
	Jazz Hustle Flute 01	7, 8
4	Jazz Hustle Flute 04	9, 10
	Jazz Hustle Flute 01	11, 12

8마디로 늘이기

C섹션

B섹션을 복제하여 C섹션을 생성합니다. 트랙 1과 2는 그대로 두고, 트랙 3과 4를 아래와 같이 편집합니다.

트랙	루프	길이(마디)
1	Bebop Drumset 10	5~12
2	없음	없음
3	Downtempo Groove Bass 02	13~18
	Downtempo Groove Bass 03	19, 20
	Jazz Hustle Flute 04	13, 14
4	Jazz Hustle Flute 02	15~18
	Jazz Hustle Flute 03	19, 20

D섹션

B섹션을 복제하여 D섹션을 생성합니다. 트랙 2는 그대로 두고, 나머지는 아래와 같이 편집합니다.

트랙	루프	길이(마디)
1	Bebop Drumset 8	21~28
2	없음	없음
3	없음	없음
4	없음	없음
5	Jazz Hustle Sax 01	21~26
	Jazz Hustle Sax 02	27, 28
6	Jazz Hustle Guitar 02	21~27

E섹션

B섹션을 복제하여 E섹션을 생성합니다. 트랙 1은 그대로 두고, 나머지 트랙을 다음과 같이 편집합니다.

트랙	루프	길이(마디)
1	Bebop Drumset 10	29~34
2	NuJazz Jam Gutar 05	29~34
	NuJazz Jam Gutar 04	35~36의 2/4
3	Downtempo Groove Bass 02	29~35의 1/4
4	없음	없음

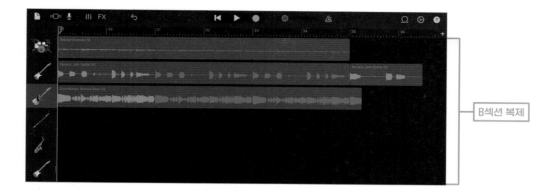

B섹션 복제

이제 **[모든 섹션]**을 열어서 전체 재생합니다.

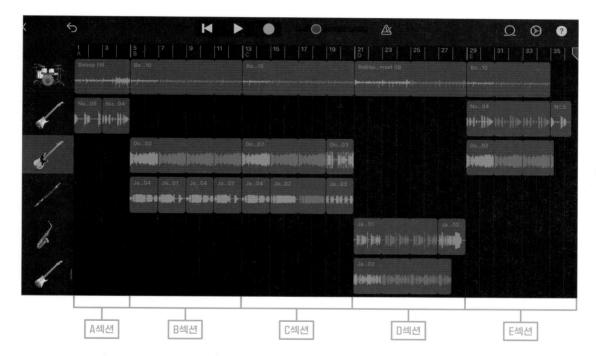

A섹션   B섹션   C섹션   D섹션   E섹션

MEMO

CHAPTER

06

음악과 친해지는
필수 이론 이해하기

음악에 대해 기본적인 이해를 갖춘다면

어떠한 구성이 왜 더 좋게 들리는지 파악할 수 있게 되고,

더 나은 곡을 완성할 수 있을 것입니다.

LESSON 01 리듬

개러지밴드에서 악기를 직접 연주해 보면 더욱 즐겁게 음악 이론을 배울 수 있습니다. 포기하지 말고 차근히 학습을 진행해 봅시다.

리듬감의 기초

흔히 음악의 3요소는 리듬(Rhythm), 선율(Melody), 화성(Harmony)이라고 말합니다. 그러므로 최소한 3가지 요소가 각각 무엇이며, 어떤 역할을 하는지 이해해야 합니다.

리듬은 일정한 규칙이나 박자에 의한 반복되는 흐름입니다. 리듬감 또는 박자감이라고 부르기도 합니다. 리듬을 담당하는 타악기는 일반적으로 음(Pitch)의 높낮이가 아니라, 빠르기를 활용하여 곡의 분위기를 결정하는 역할을 합니다.

오렌지노 특강 드럼도 조율이 필요할까?

드럼은 음정 자체보다 리듬을 고려하는 타악기입니다. 하지만 공연장에서 간혹 라이브로 공연을 할 때 보면 특정 곡을 시작하기 전에 드럼을 조율하는 모습도 보입니다. 그 곡과 어울리는 소리가 있기 때문입니다. 어떠한 소리든 그에 맞는 주파수가 있으므로 드럼 음원을 사용할 때는 DAW 기능으로 조율하기도 합니다.

우리나라의 사물놀이처럼, 전 세계의 각 나라와 지역마다 전통 타악기가 있습니다. 가장 널리 쓰이는 타악기는 드럼입니다. 지금부터 드럼의 기본 주법과 리듬 이론을 함께 익혀 보겠습니다.

드럼 세트

먼저 악기 선택 화면에서 [드럼]-[어쿠스틱 드럼]을 선택하면 드럼 세트가 나옵니다. 아이패드에서 개러지밴드를 열었다면 바로 오른쪽 위의 물음표 모양의 아이콘인 [빠른 도움말]을 터치하여 드럼 세트 정보를 확인해 보세요. 아이폰에서는 빠른 도움말을 확인할 수 없으므로 다음의 이미지를 참고하여 연주하면서 익힙니다.

우선 드럼 세트의 각 위치를 손가락으로 터치하며 소리를 확인하면서, 어떤 차이가 있는지 직접 느껴봅니다. 그리고나서 아래의 설명을 보면서 각 위치의 명칭과 특징, 역할을 확인합니다.

❶ **베이스 드럼(Bass drum/Kick drum):** 연주자의 발 앞에 있습니다. 오른발로 페달을 밟으면 소리가 납니다. 드럼 세트 중에서 음이 가장 낮으며, 베이스 기타와 함께 연주하면 잘 어울립니다.

❷ **스네어 드럼(Snare drum):** 박자를 구성하는 핵심 드럼입니다. 주로 뒷박을 심플하게 연주하며 박자의 중심을 잡아 줍니다. 조용한 분위기를 연출하고 싶다면, 드럼 스틱으로 스네어 드럼의 가장자리인 림(Rim)을 칩니다. 림과 북면을 동시에 내려치면 더욱 강렬한 소리가 나는데, 이를 림쇼트(Rimshot)라고 합니다. 이렇게 하면, 스네어 드럼의 북면과 탁한 사이드 스틱을 동시에 연주할 때 나는 소리와 비슷합니다.

❸ **탐(Toms):** 음의 높낮이가 다른 탐들(하이탐, 미드탐, 로우탐)은 주로 연주를 할 때 다음 패턴으로 넘어가기 전에 소리를 채우는 꾸미기 역할을 합니다.

❹ **하이−햇(Hi−hat):** 박자의 기본 비트를 담당하며 일반적으로는 모든 비트에 하이−햇을 기본으로 연주합니다. 그냥 연주를 하면 퍼지는 소리(열린 하이−햇)가 나고, 페달을 밟으면 닫힌 소리(닫힌 하이−햇)가 나므로 이를 적절히 섞어서 사용합니다. 그냥 페달을 밟는 것만으로 위아래로 벌어진의 하이−햇이 만나면서 닫히는 작은 소리(페달 하이−햇)가 납니다.

❺ **심벌즈(Cymbals):** 크래시 심벌즈는 대체로 새 패턴을 알리는 시작에서 사용하며, 소리가 크고 넓게 퍼지기 때문에 클라이맥스에서도 자주 사용합니다. 반면 라이드 심벌즈는 소리가 작아서 하이−햇 대용으로 사용할 수 있습니다.

드럼 세트에 대해 자세히 설명하려고 했지만, 사실 직접 연주하면서 몸으로 느껴 보기 전까지는 와닿지 않을 것입니다. 먼저 아래의 순서대로 표를 참고하며 연주해 보겠습니다.

▲ 하이-햇　　　▲ 스네어 드럼　　　▲ 베이스 드럼

구분	스네어 드럼, 베이스 드럼				하이-햇 + 베이스 드럼, 하이-햇 + 스네어 드럼			
하이-햇					하이-햇	하이-햇	하이-햇	하이-햇
스네어 드럼		스네어		스네어	스네어			스네어
베이스 드럼	베이스		베이스		베이스		베이스	

영상으로 확인하기

❶ 오른손 검지로 베이스 드럼과 스네어 드럼을 번갈아 가며 일정한 박자로 터치합니다. '쿵짝 쿵짝' 소리가 납니다.

❷ 다음은 드럼과 동시에 왼손 검지로 하이-햇을 연주합니다.

어쿠스틱 드럼을 처음 연주해 보는 사람이라면, 연습이 필요할 정도로 헷갈릴 수도 있습니다. 비록 손가락으로 터치하는 방식이지만 실제 드럼처럼 악기를 연주하는 느낌은 살릴 수 있습니다. 이제 좀 더 본격적으로 드럼을 연주해 보겠습니다.

🎵 주요 리듬

드럼 세트에서 하이-햇, 스네어 드럼, 베이스 드럼을 기본으로 사용하여 4비트, 8비트 등의 리듬을 연주할 수 있습니다. 탐과 심벌즈는 새로운 분위기로 넘어가기 전에 사용합니다.

4비트 기본 박자

먼저 4비트 기본 박자부터 살펴봅니다. 다음의 표는 1마디를 4개의 비트로 나누어 구성한 간단한 연주입니다.

구분	4비트 기본 박자			
하이-햇	●	●	●	●
스네어 드럼		▤		▤
베이스 드럼	◉		◉	

왼손 검지로 하이 – 햇만 연주하고 오른손 검지로 베이스 드럼과 스네어 드럼을 번갈아 가며 연주하는 것이 일반적이고 연주하기 편리한 방법이니, 익숙해질 때까지 연습합니다. 어느 정도 연주에 익숙해지면 템포를 80으로 지정하고, 메트로놈을 켜둔 채 **[재생]** 버튼을 누르면 나오는 메트로놈 박자에 맞춰 연주해 봅니다.

메트로놈은 비트에 맞게 소리가 납니다. 4비트 연주는 소리가 나는 타이밍마다 하이 – 햇을 연주한다고 생각하면 됩니다. 템포가 80일 때, 박자에 맞춰 틀리지 않고 연주를 할 수 있다면 템포를 100, 120으로 조금씩 빠르게 설정하며 연습합니다.

8비트 기본 박자

다음으로 하이 – 햇만 4비트에서 8비트로 바꿔 봅니다. 하이 – 햇을 2배로 빠르게 연주하면서 자연스럽게 전체 연주가 2배로 빨라집니다. 아래의 표처럼 2, 4, 6, 8비트는 베이스 드럼, 스네어 드럼 연주와 겹치지 않고 하이 – 햇만 연주하므로 훨씬 어렵게 느껴질 것입니다. 처음에는 템포 50 정도로 느리게 설정하고 익숙해지면 점점 템포를 올려 봅니다.

구분	8비트 기본 박자							
하이-햇	●	●	●	●	●	●	●	●
스네어 드럼			▤				▤	
베이스 드럼	◉				◉			

🔊 **TIP** 8비트 이상의 박자로 빠르게 하이-햇을 연주할 때는 왼손 검지, 중지를 번갈아 가며 연주하는 것이 더 쉽습니다. 이 방법은 일정한 박자를 유지하기에도 좋고 베이스 드럼, 스네어 드럼 박자에 맞추기도 편리합니다.

8비트 Go-go 박자

8비트 박자를 템포 100 이상의 빠르기에서도 익숙하게 연주할 수 있다면 약간의 변형으로 연주를 합니다. 하이 – 햇만 연주하던 6번째 비트에 베이스 드럼을 추가하여 연주하는 것입니다. 1개의 베이스 드럼이 추가된 것만으로 난이도가 높아지지만 제법 드럼 연주를 하는 느낌이 날 것입니다. 이 리듬은 고고(Go-go)라는 전형적인 드럼 리듬입니다.

구분	8비트 Go-go 박자							
하이-햇	●	●	●	●	●	●	●	●
스네어 드럼			●				●	
베이스 드럼	●				●	●		

변형 8비트 박자

8비트 리듬에서 하이-햇을 8비트 모두 연주하고, 스네어 드럼을 3박, 7박에 그대로 둔 채 베이스 드럼의 리듬만 수정하면 다양한 리듬이 나옵니다. 예를 들면 아래와 같은 변형 8비트 리듬을 연주할 수 있습니다.

구분	변형 8비트 박자							
하이-햇	●	●	●	●	●	●	●	●
스네어 드럼			●				●	
베이스 드럼	●			●		●		

템포 100 이상의 빠르기로 박자에 맞춰 연주할 수 있는 수준이 되었다면 하이-햇 대신 라이드 심벌즈를 연주해 봅니다. 이 경우 오른쪽에 놓인 라이드 심벌즈를 오른손으로, 베이스 드럼, 스네어 드럼은 왼손으로 연주하는 것이 편리합니다. 손가락이 바뀌면 많이 어렵게 느껴질 수도 있습니다. 이 리듬도 익숙해질 때까지 연습합니다.

이제 개러지밴드에서 어쿠스틱 드럼을 게임처럼 즐길 준비가 되었습니다. 좋아하는 음악을 틀어 놓고 박자에 맞춰 드럼 연주를 해 봅니다. 즐겁게 드럼 연주할 수 있는 정도가 되었다면 여러분은 이제 개러지밴드 드러머로 첫발을 내디딘 것입니다.

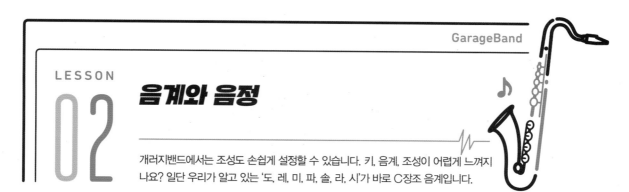

LESSON 02 음계와 음정

개러지밴드에서는 조성도 손쉽게 설정할 수 있습니다. 키, 음계, 조성이 어렵게 느껴지나요? 일단 우리가 알고 있는 '도, 레, 미, 파, 솔, 라, 시'가 바로 C장조 음계입니다.

🎵 음계

개러지밴드는 C장조가 기본 설정입니다. [설정]에서 [조표]를 선택하면 C부터 B까지, 장조와 단조 총 24개의 조성을 선택할 수 있는 목록이 나옵니다. 이는 클래식 음악부터 사용하던 서양식 음계(Scale) 기준으로, 지금도 많이 쓰고 있는 음악 조성 기준입니다.

영상으로 확인하기

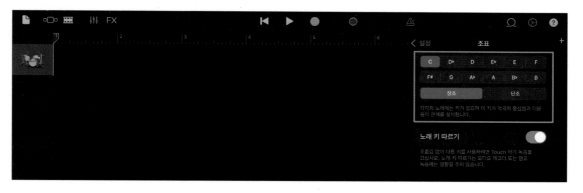

좀 더 쉽게 이해하기 위해 아이패드용 개러지밴드에서 [키보드]를 선택해서 [Grand Piano]를 선택하여 피아노 건반 화면을 열어 줍니다.

🎙️ 오렌지노 특강 **피아노를 활용하여 음계를 확인하는 2가지 방법**

피아노를 열어서 확인하면서 이론을 따라오면 훨씬 수월하게 음계를 이해할 수 있습니다. 여기서 2가지 방법으로 열어 보겠습니다.

1. 악기 선택 화면에서 [키보드]의 [Smart Piano] 선택 후 [건반 전환] 버튼을 터치하여 화음 스트립으로 화면을 전환합니다.

건반 전환

2. 악기 선택 화면에서 [키보드]의 [Alchemy 신디사이저]를 선택합니다. 악기를 변경하고 싶다면, 아래에 표시된 신디 사이저 악기 이름 부분을 터치하고 악기 목록 위쪽의 [주 카테고리]로 돌아가, [Keyboards]에서 [Grand Piano]를 선택합니다.

악기 변경

개러지밴드에는 수백 개의 키보드 사운드가 포함되어 있습니다. 카테고리 분류가 자세해서 처음에는 악기를 바로바로 찾기 어려울 수 있으나 익숙해지면 편하게 찾을 수 있습니다.

아래의 건반에 표시되는 음계 표기 방법을 살펴봅니다. 여기서 예를 들어, '도, C, Do'는 절대 음 표기입니다. 그런데 로마숫자는 조성 즉 Key에 따라 달라지는 표기 방법입니다. C장조에서는 C음(도)이 로마숫자 'I'로 표기됩니다.

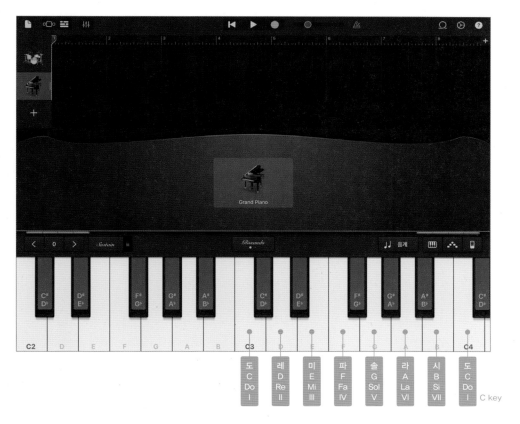

◀ TIP 건반에 C2, D와 같이 표기하기 위해 아이패드 설정의 [GarageBand] 항목을 찾아 [키보드 음표 레이블]을 활성화합니다. 개러지밴드에서 보이는 언어 등 다양한 설정을 할 수 있습니다.

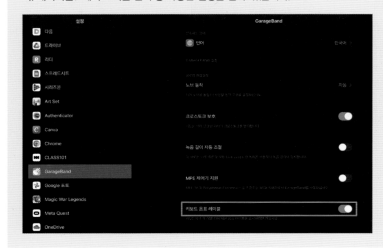

온음과 반음

이번에는 피아노 건반을 살펴보겠습니다. 아래의 그림을 보면 2개의 흰건반 사이에 검은건반이 없는 부분이 있습니다. 바로 미–파, 시–도 사이입니다. 기억을 더듬어 학창 시절 음악 시간을 떠올려 보세요. 음과 음의 사이에 검은건반이 있으면 '온음', 검은건반이 없으면 '반음'이라 배운 기억이 떠오르시나요?

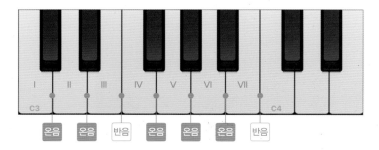

C장조의 가장 낮은 음인 루트, 즉 으뜸음인 도부터 흰건반만 차례대로 연주하는 것을 C장조라고 합니다. 그럼 D장조를 유추해 보세요. 도를 Ⅰ로 표기하였을 때 장조는 Ⅲ–Ⅳ 사이며, Ⅶ–Ⅰ 사이가 반음이라는 사실만 기억하면 됩니다. 이렇게 D장조는 D의 으뜸음인 레부터 같은 음계를 적용하면 다음과 같이 표기할 수 있습니다.

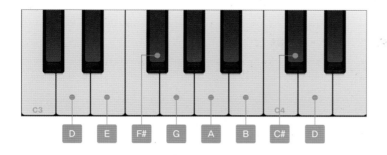

D장조의 음계는 D, E, F#, G, A, B, C#, D로 구성되며, 검은건반을 표기할 때는 반음 위가 #, 반음 아래가 ♭입니다.

음계 설정하기

C장조가 아닌 음계에서 반음 연주가 어렵다면, **[음계]** 버튼의 설정을 활용하여 쉽게 연주할 수 있습니다.

여기서는 **[장조]**를 선택합니다. 이제 어떤 조표로 되어 있더라도 검은건반을 찾아 누르지 않아도 되게끔 위에서 설정한 조표에서 루트(으뜸음)만 그대로인 상태로 음계가 바뀝니다.

현재는 D장조로 설정되어 있었으므로 D의 음계로 붙었습니다.

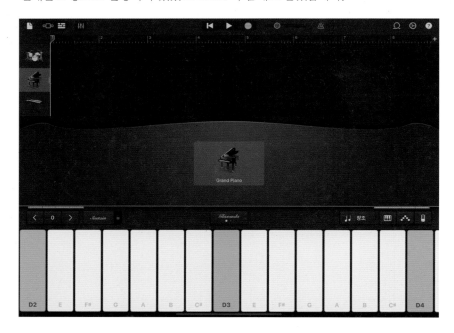

음계는 피아노 등 음악 학원의 이론 수업에서는 각 조성에 해당하는 음계를 #, ♭ 개수로 외우기도 합니다. 하지만, 이렇게 직접 온음과 반음의 관계를 생각하며 연주하면 음계를 익히는 데 더욱 도움이 됩니다. 곡의 멜로디를 구성할 때 이 음계의 음들을 사용하지만 단조로움을 피하기 위해 의도적으로 여기에 포함되지 않은 음계를 쓰는 경우도 있습니다. 이럴 땐 [음계] 설정을 [끔]으로 바꾸고 건반에서 연주해야 합니다.

🎵 음정

2개의 음을 동시에 연주할 때 그 음 사이의 간격을 음정(Interval)이라고 합니다. 앞으로 코드를 이해하려면 음정이 무엇인지 이해하는 것이 좋습니다. 먼저 아래의 악보를 살펴봅니다. C장조 음계에서 도(Ⅰ)와 음계 안의 음들을 하나씩 동시에 연주한 일곱 개의 음정입니다. 이 음정은 온음, 반음의 구성에 따라 이름이 달라집니다.

음정을 세는 방법

음정의 간격을 세는 방법이 우리가 알고 있는 일반적인 수학과 다르기에 이 부분에 먼저 익숙해질 필요가 있습니다. 도(Ⅰ)와 레(Ⅱ)의 간격은 한 음이지만, 음정을 셀 때는 도(Ⅰ) 자신부터 숫자를 세기 시작해야 합니다. 따라서 이 경우에 '도', '레' 총 2개의 음정이기에 '2도'라고 부릅니다. 또한 둘 사이에 검은건반이 있는 온음 관계이기에 도(Ⅰ)와 레(Ⅱ)는 '장2도'라고 부릅니다. 반면에 '미'(Ⅲ)와 '파'(Ⅳ) 사이에는 검은건반이 없는 반음 관계라서 '단2도'라고 부릅니다.

이렇게 장/단의 이름으로 부르는 음정은 2도, 3도, 6도, 7도가 있습니다. 2도, 3도의 경우에는 반음 없이 온음으로만 이루어진 경우 장2도, 장3도라 부르고, 반음이 1개 포함될 때 단2도, 단3도라고 부릅니다.

6도, 7도의 경우에는 반음이 1개만 포함될 때 장6도, 장7도라 부르고, 반음이 2개 포함된 경우 단6도, 단7도라고 부릅니다.

그 외의 1도(같은 음을 의미하기에 생략), 4도, 5도, 8도(옥타브만 다른 같은 음)의 경우 완전, 증, 감으로 부르는데, 4도와 5도는 반음이 1개만 있을 때 완전4도, 완전5도라 부르고 반음이 없는 경우 증4도, 증5도, 그리고 반음이 2개인 경우 감4도, 감5도라 부릅니다.

구분	음정	예시
1도	완전1도	C – C
2도	단2도	C – D♭
	장2도	C – D
3도	단3도	C – E♭
	장3도	C – E

4도	완전4도	C – F
	증4도	C – F#
5도	완전5도	C – G
	증5도	C – G#
6도	단6도	C – A♭
	장6도	C – A
7도	단7도	C – B♭
	장7도	C – B
8도	완전8도	C – C

◀ **TIP** 계이름이 동일한 완전8도에 대해 '한 옥타브 거리가 있다'고 표현합니다. 음의 주파수로는 2배의 차이가 나는 관계이기에 함께 울렸을 때 편안하게 어울리는 음으로 들립니다.

다시 앞의 그림을 살펴보면 장조의 음계에서 I음과 음계 안의 다른 음을 연주할 경우 장2도, 장3도, 완전4도, 완전5도, 장6도, 장7도와 같이 장도와 완전 도로만 이루어집니다.

II음과 IV음은 단3도, IV음과 VII음은 증4도임을 이해할 수 있다면 이제 다음 레슨으로 넘어가도 좋습니다. 아래의 악보는 C장조 음계에서 시(IIV)음부터 한 음씩 쌓았을 때의 음계를 표시한 것입니다. 이제 악보를 보고 음정을 읽을 수 있다면, 화음을 공부할 수 있습니다.

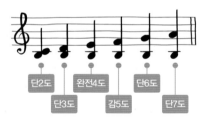

LESSON 03 화음

2개 이상의 음이 동시에 조화롭게 들릴 때, 이를 화음 또는 코드(Chord)라 부릅니다. 여러 악기를 어울리는 코드로 연주하면, 편안하게 들립니다. 반대로 다른 코드를 연주하거나 코드와 동떨어진 멜로디는 불협화음으로 들립니다.

🎵 기본적인 3화음 코드

먼저 기본적인 코드인 3화음을 알아봅니다. C장조 음계 안에서 1, 3, 5 혹은 2, 4, 6 등으로 아래와 같이 3도씩 쌓아 올린 것으로 각각의 코드 이름은 다음과 같습니다.

영상으로 확인하기

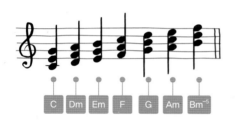

위의 3화음 중 시작하는 음인 루트의 음 기호를 제외하면 세 종류의 코드 이름이 있습니다(괄호 안은 I, III의 음정, III, V의 음정을 의미).

- **Major(장3도, 단3도):** C, F, G
- **Minor(단3도, 장3도):** Dm, Em, Am
- **Minor Flatted Fifth(단3도, 단3도):** Bm^{-5}

🎙 오렌지노 특강 재즈와 리얼북

재즈 연주는 얼핏 복잡하게 느껴집니다. 하지만 사실 우리가 흔히 재즈 교본으로 활용하는 '리얼북(Real Book)' 형태의 악보를 보면, 멜로디와 코드만으로 구성되어 있습니다. 처음 만나는 재즈 연주자들이 즉흥 연주, 즉 잼 세션(Jam session)을 할 때는 곡의 코드 진행 순서를 외우고 있습니다. 그래서 동시에 같은 코드를 연주하기 때문에 조화롭게 들리는 것입니다. 이렇게 여러 악기로 연주할 때는 동시에 같은 코드를 연주해야 합니다.

오렌지노 특강 **같은 코드, 다양한 표기법**

코드는 동일하지만 악보를 만드는 사람의 스타일과 편의에 따라 표기법이 다릅니다. C코드를 기준으로 다음과 같이 표현할 수 있습니다.

Major(C, E, G): C, CM, C△, Cma, Cmaj
Minor(C, E♭, G): Cm, C−, Cmi, Cmin
Augmented(C, E, G#): C+, Caug
Diminished(C, E♭, G♭): C⁰, Cm(♭5), Cdim

악기 선택 화면에서 **[기타 → Smart Guitar]**를 선택해서 실행하면 아이패드 화면 크기에 따라서 아래와 같이 8개 또는 12개의 코드가 보입니다. 이 코드들은 일반적으로 3개의 음으로 이루어진 3화음입니다. 코드의 시작인 루트와 3도 음에 따라 코드 이름이 결정됩니다.

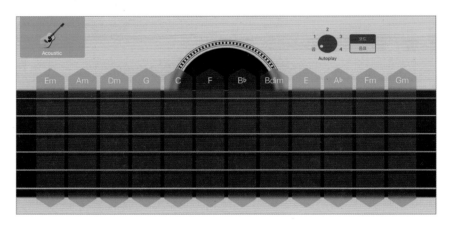

이 중 8개의 코드(Em, Am, Dm, G, C, F, B♭, Bdim)는 아래와 같이 연주됩니다.

이 8개의 코드는 C장조에서 가장 많이 쓰이는 코드를 포함한 구성입니다. 따라서 B♭을 제외한 7개의 코드는 검은건반을 누르지 않고 연주할 수 있습니다. 그런데 순서가 좀 특이합니다. C부터 시작하는 것도 아니고, 오름차순도 아닙니다. 왜 그럴까요?

🎵 자연스러운 코드 진행의 패턴

코드 진행은 잘 어울리는 패턴이 있습니다. 이를테면 G → C는 자연스럽게 흘러갑니다. 다음 코드로 잘 어울리는 진행 패턴을 살펴보겠습니다. 우선 개러지밴드를 열고 Smart 악기에서 기본적으로 제공되는 코드 진행을 보면 무엇인가 규칙이 보이지 않나요? 지금 다시 한번 코드를 자세히 보세요. 앞에서 살펴본 8개의 코드 중에서 7번째 코드인 B♭은 제외하고 살펴보겠습니다.

> Em, Am, Dm, G, C, F, Bdim

위 코드 진행의 패턴을 파악하셨나요? 아직 규칙을 찾기 어렵다면 코드 이름을 로마숫자로 바꿔 보세요.

> Ⅲm, Ⅵm, Ⅱm, Ⅴ, Ⅰ, Ⅳ, Ⅶdim

여전히 눈에 들어오지 않는다면 로마숫자를 다시 아라비아숫자로 바꿔 보겠습니다.

> 3, 6, 2, 5, 1, 4, 7

음계(도, 레, 미, 파, 솔, 라, 시)에서 7 다음에는 다시 1로 순환된다는 점을 고려하면 숫자가 항상 +3씩 증가한다는 걸 알 수 있습니다. 그래서 음악의 음정을 세는 방법으로 '4도가 상향된다'고 표현합니다. 바로 이 4도 상향 패턴이 대표적인 코드 진행입니다.

오렌지노 특강 *C장조 대표 코드에서 C코드가 첫 순서가 아닌 이유*

호기심이 많은 사람이라면 여기서 의문이 생깁니다. C장조의 대표 코드 진행에서 C코드가 5번째에 오게 된 이유는 무엇일까요? 1, 2, 3, 4, 5번째 코드를 차례로 눌러 보면 의외로 쉽게 이유를 알 수 있습니다. 5개의 코드가 적힌 부분을 순서대로 누르는 것만으로 코드 진행이 자연스럽게 C로 종결된다는 것이 느껴집니다. 개러지밴드를 개발할 당시에 아마도 이를 고려해서 쉽게 코드를 익힐 수 있도록 코드 순서를 배치한 것으로 추정됩니다. 그래서 개러지밴드에서는 어떤 조성을 선택하든 5번째 순서에 Ⅰ도 Major 코드가 있습니다.

이처럼 가장 단순하면서도 듣기 좋은 코드가 바로 이 4도 상향 코드인데, 특히 마지막에 Ⅱ - Ⅴ - Ⅰ로 끝나는 진행은 상당히 자주 쓰는 패턴입니다. 개러지밴드의 Smart 악기 코드 배열에서는 3, 4, 5번째의 코드를 순차적으로 연주하면 Ⅱ - Ⅴ - Ⅰ 진행이 됩니다. 그래서 2, 3, 4, 5번째 코드 총 4개를 곡의 처음부터 끝까지 반복하여 Ⅵ - Ⅱ - Ⅴ - Ⅰ 순서로 진행해도 자연스러운 곡을 만들 수 있습니다. 이러한 코드 진행은 C장조에서는 Am - Dm - G - C가 되며, C로 시작하는 C - Am - Dm - G로 순서를 바꾸면 익숙하게 들어 본 코드 진행이 됩니다.

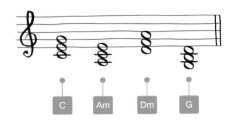

자주 쓰는 위와 같은 코드 패턴을 약간씩 변형하여 활용할 수 있습니다. 3화음에 해당하는 Ⅰ, Ⅲ, Ⅴ 중에서 루트Ⅰ과 코드를 결정 짓는 Ⅲ 그리고 두 음을 그대로 둔 채 Ⅵ에 해당하는 음을 추가하면 비슷한 느낌의 코드로 변합니다. 예를 들어, C(C, E, G) 코드를 Am(Am, C, E)으로 바꿔서 사용해도 느낌이 크게 달라지지 않는 것이죠. C(C, E, G) 코드를 Em(E, G, B)으로 바꾸는 식의 변형도 가능합니다. 따라서 Ⅱ - Ⅴ - Ⅰ 패턴을 그대로 따르되 이와 같은 변형을 거치면 대부분의 히트곡 코드 패턴을 발견할 수도 있습니다.

당장 이런 코드 패턴의 설명이 어렵게 느껴짐은 당연합니다. 그래서 코드 공부는 악기로 직접 꾸준히 연주하며 그 느낌을 제대로 파악하기까지 많은 훈련이 필요합니다. 먼저 개러지밴드에서 Smart 악기 배열 순서를 따르는 것을 기본으로, 스스로 조금씩 다양한 코드를 연주해 보며 코드 연주에 재미를 붙여 보세요.

🎵 필수적인 세븐스 코드

앞에서 배운 3화음만 사용하면 단조로울 수 있어 세븐스 코드(7th Chord)를 활용하는 경우가 많습니다. 3화음이 기본적으로 Ⅰ, Ⅲ, Ⅴ 총 3가지 음으로 이루어진 코드라면 세븐스 코드는 여기에 Ⅶ음을 더하여 Ⅰ, Ⅲ, Ⅴ, Ⅶ로 연주합니다. 개러지밴드 Smart 악기 배열을 모두 세븐스 코드로 바꾸면 아래와 같습니다.

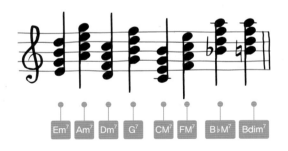

먼저 Ⅶ음을 추가했기 때문에 코드 이름에 ^{7}이 붙었습니다. 그리고 Major 코드에서 두 개의 형태로 나뉘는 것을 볼 수 있습니다. G^7, CM^7는 모두 Major 코드였는데 M(Major)이 포함된 것과 그렇지 않은 것이 있습니다. 세븐스 코드를 만들 때 Ⅰ음에서 장7도가 추가되면 메이저 세븐스 코드(Major Seventh Chord)라 부르고 CM^7, $C\triangle^7$ 등으로 표기합니다. Ⅰ음에서 단7도가 추가되면 도미넌트 세븐스 코드(Dominant Seventh Chord)라 부르고 C^7라고 표기합니다.

Em^{7}와 같이 Minor 코드에 장7도를 추가한 세븐스 코드는 마이너 세븐스 코드(Minor Seventh Chord)입니다. 또한 Bdim^{7}와 같이 디미니시드 코드(Diminished Chord)에 장6도를 추가한 코드는 디미니시드 세븐스 코드(Diminished Seventh Chord)라 부르는데 이 코드는 4개 음이 모두 단3도의 음정을 가진 특이한 코드입니다.

이렇게 C장조의 흰건반만으로 세븐스 코드를 구성하면 아래와 같은 코드들이 만들어집니다. 대중가요 악보를 볼 때 세븐스 코드를 자주 볼 수 있으니 이러한 코드들이 어떤 음들로 구성되었는지 익히면 좋습니다.

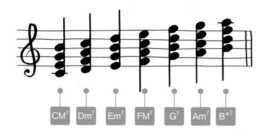

🎵 비슷한 느낌을 유지하는 코드 자리바꿈

악보에서 코드 표기를 볼 때, 'C/G'와 같이 표시된 것을 본 적 있나요? 보통은 코드를 연주할 때 가장 낮은 음인 루트로 연주합니다. 따라서 C코드에서는 C음이 가장 낮은 음이 되어야 하는 것이죠. 하지만 이렇게 C/G로 표시된 경우에는 기본적으로는 C코드를 연주하되, 루트인 C 대신 G음을 가장 낮은 음으로 연주한다는 뜻입니다. 그래서 C, E, G로 연주하는 대신 G, C, E로 연주합니다. 코드 성격은 바뀌지 않지만 가장 낮은 음만 바뀌는 코드입니다.

그렇다면 코드 자리바꿈은 왜 하는 걸까요? 다시 개러지밴드 Smart 악기의 코드 진행 중 Em – Am – Dm – G – C 패턴을 보겠습니다. 아래의 악보만 보면 코드들이 들쭉날쭉 흘러간다는 느낌이 있어 다소 부자연스럽게 들릴 수 있습니다.

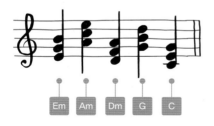

하지만 두 개의 코드를 자리바꿈하여 아래의 악보처럼 동일한 코드 안에서 자리바꿈을 하는 것만으로 음역대가 비슷하게 흘러가는 모습으로 바뀝니다.

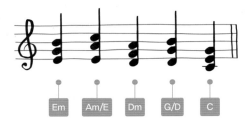

🎵 참고할 만한 코드들

앞에서 세븐스 코드를 기준으로 여러 코드(Major Seventh Chord, Dominant Seventh Chord, Minor Seventh Chord, Diminished Seventh Chord)를 배웠습니다. 하지만 대중가요 악보에 있는 모든 코드를 다 파악하기엔 여전히 부족합니다. 그 밖의 유명한 코드들의 음 구성만 간단히 살펴보겠습니다.

그 외의 다양한 코드들

C코드를 기준으로 정리하면 아래와 같습니다.

- 메이저 식스스 코드(Major Sixth Chord/C^6, CM^6, $Cmaj^6$): C, E, G, A
- 어그먼트 세븐스 코드(Augmented Seventh Chord/C^{+7}, $Caug^7$): C, E, G#, B♭
- 마이너 식스스 코드(Minor Sixth Chord/Cm^6, $Cmin^6$): C, E♭, G, A
- 마이너 메이저 세븐스 코드(Minor-major Seventh Chord/CmM^7, Cm/M^7, $Cm(M^7)$, $Cminmaj^7$, $Cmin/maj^7$, $Cmin(maj^7)$): C,E♭,G,B
- 하프 디미니시드 세븐스 코드(Half-diminished Seventh Chord/Cø, Cø7): C, E♭, G♭, B♭
- 애드 나인 코드(Add Nine Chord/C9, Cadd9): C, E, G, D
- 애드 포스 코드(Add Fourth Chord/C4, Cadd4): C, E, G, F
- 서스 투 코드(Suspended Second Chord/Csus2): C, D, G
- 서스 포 코드(Suspended Fourth Chord/Csus4): C, F, G

텐션 코드

세븐스 코드(7th Chord) 이상의 9th, 11th, 13th Chord를 '텐션 코드'라 부릅니다. 텐션 코드는 세련된 곡을 만들기 위해 사용합니다. 그러나 의도를 명확하게 사용하지 않고, 마구잡이로 음을 추가하면 자칫 불협화음으로 들릴 수도 있습니다. 따라서 우선은 아래의 대표 코드를 참고하면 좋습니다.

- **도미넌트 나인스 코드(Dominant Ninth Chord / C^9)**: C, E, G, B♭, D
- **도미넌트 일레븐스 코드(Dominant Eleventh Chord / C^{11})**: C, E, G, B♭, D, F
- **도미넌트 서틴스 코드(Dominant Thirteenth Chord / C^{13})**: C, E, G, B♭, D, F, A

개러지밴드에서 코드 설정 변경

개러지밴드에서 Smart 악기를 실행한 후 **[설정]**의 **[화음 편집]**을 터치하면 코드 설정을 변경할 수 있습니다. 따라서 자신이 자주 사용하는 코드로 변경하여 더 편리하게 연주할 수 있습니다.

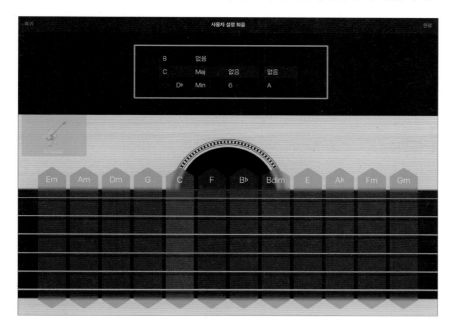

힘겨웠을 음악 이론의 기초 지식을 마쳤습니다. 이론과 함께 소리를 직접 확인하며 연습으로 어느 정도 음악에 대한 감을 익혔나요? 작곡을 위한 음악 이론은 최대한 흥미롭게 구성하고자 했지만, 다소 지루한 전문지식이라 어려웠을 수도 있습니다. 이제 다시 개러지밴드를 실행하고, 실습으로 돌아와 재미있게 음악을 만들어봅시다.

MEMO

07

생일 축하,
직접 연주하기

리듬, 멜로디, 코드를 직접 만들어 보기 전에,
먼저 알려진 곡의 편곡 과정을 경험하며 기초적인 감각을 쌓아 보겠습니다.
우리가 연습을 위해 작업할 곡은
생일 축하곡 'Happy birthday to you'입니다.

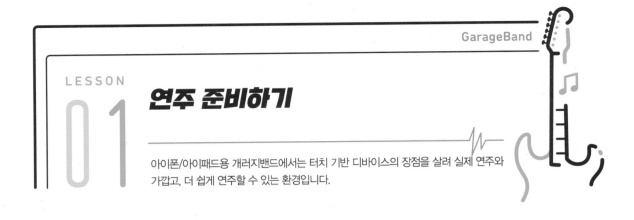

LESSON
01
연주 준비하기

아이폰/아이패드용 개러지밴드에서는 터치 기반 디바이스의 장점을 살려 실제 연주와
가깝고, 더 쉽게 연주할 수 있는 환경입니다.

화면의 구성

기본적으로 아이패드와 아이폰은 화면 구성이 비슷합니다. 하지만 화면 크기가 달라서 다소 차이가 있습니
다. 예를 들면 상대적으로 아이폰 화면이 작기 때문에, 아이패드보다 한두 단계를 더 거쳐야 같은 설정을 발
견하기도 합니다. 물론 결과 화면은 동일합니다.

나의 노래 화면에서 [+] 버튼을 터치하여 새 프로젝트를 생성하고 작업할 악기를 선택합니다. 악기를 먼저
선택 악기 입력 방식(코드 연주, 음 연주, 음계상 연주 등의 차이)을 고를 수 있습니다. 앞에서 살펴봤듯이,
악기의 종류는 크게 키보드, 드럼, 기타, 베이스, 스트링, 세계 악기 등이 있으며 세부적인 옵션이 있습니다.

오렌지노 특강 빈 트랙 작업 공간을 열 수 없다면

아이폰/아이패드용 개러지밴드에서도 Apple Loops를 믹싱하여 곡을 만들 수 있습니다. 하지만 간혹 어떤 아이패드나
아이폰에서는 처음부터 빈 트랙 작업 공간을 열 수 없고, 선택한 악기로 최소한 한 음이라도 녹음을 해야 트랙 편집 화면
을 열 수 있습니다. 그러므로 제어 막대에 있는 [녹음] 버튼을 터치하여 녹음을 시작하고 연주를 시작합니다. 연주가 끝나
면 [정지] 버튼을 터치하면 됩니다. 녹음 시작 전 카운트다운이 끝난 후 어떤 음이라도 녹음을 하면 시퀀서 편집 화면으로
넘어갈 수 있습니다.

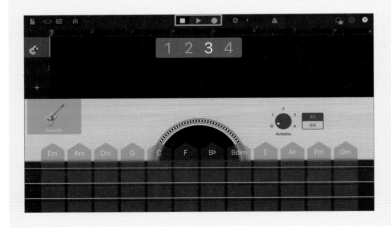

제어 막대

이제 시퀀서 편집 화면 위쪽의 제어 막대 기능들을 자세히 알아봅니다. 개러지밴드를 자유롭게 사용하려면 제어 막대에서 각 버튼의 기본 기능을 파악해야 합니다. 일부 기능은 버튼을 누른 채로 기다리면 해당 항목을 선택할 수 있습니다. 각 버튼은 아래와 같은 기능을 표시합니다.

❶ **악기 선택:** [악기 선택] 버튼을 터치하면 악기 선택 화면으로 돌아갈 수 있습니다. 기존에 작업한 악기는 트랙에 남고 새로운 트랙에서 사용할 악기를 선택합니다. 아이폰과 달리 아이패드에서는 해당 버튼을 길게 누르고 있으면 악기 목록이 표시되어 좀 더 수월하게 원하는 악기를 선택할 수도 있습니다.

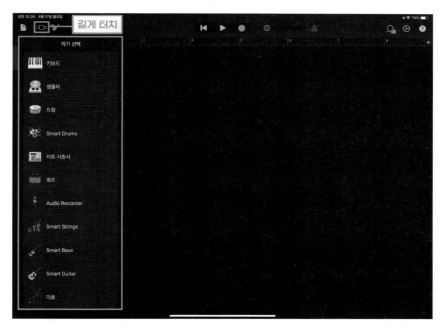

❷ **트랙/악기 화면 전환:** 트랙 편집 상태에서는 직전에 사용한 악기로 돌아갈 수 있는 버튼이 표시되고, 악기 연주 상태에서는 트랙 버튼이 표시되어 상태를 전환할 수 있습니다. 트랙에 배치된 악기가 2개 이상일 때, 악기 연주 상태에서 버튼을 길게 누르면 다음과 같이 트랙 선택 창이 나타납니다. 여기서 연주할 다른 악기로 빠르게 이동할 수 있습니다. 만약 트랙 편집 상태라면 연주할 악기를 두 번 터치하여 해당 악기 연주 상태로 전환할 수 있습니다.

❸ **트랙 제어기:** 연주 전 음색을 보정할 수도 있고, 모든 악기를 구성한 뒤에 악기들의 밸런스를 맞춰가며 수정할 수 있는 기능입니다. 아이폰용 개러지밴드에서는 오른쪽 위에 있는 **[노래 설정]**을 터치한 후 **[트랙 제어기]**를 터치합니다.

❹ **Remix FX:** 터치 기반의 특성을 살린 특수 효과로, 필터, 리피터, 역순 재생, 스크래칭 등을 활용하여 곡을 믹싱할 수 있습니다.

❺ **재생 제어 & 마스터 볼륨:** 처음으로 이동, 재생, 녹음이 포함된 재생 제어와 마스터 볼륨을 제어할 수 있는 슬라이더입니다.

❻ **메트로놈:** 녹음 시 메트로놈 사용 여부를 선택할 수 있습니다.

❼ **루프 브라우저:** 트랙 화면에서만 표시되는 버튼으로 악기, 장르, 설명 필터를 적용할 수 있으며, 원하는 루프를 슬라이드하여 트랙에 넣을 수 있습니다. 아이폰용 개러지밴드에서는 원하는 루프를 길게 터치하고 있으면 트랙 화면으로 옮길 수 있습니다.

❽ **노래 설정:** 템포, 박자표, 조표 등의 편집 메뉴가 나타납니다. 아이폰에서는 **[노래 설정]**을 터치하면 표시됩니다.

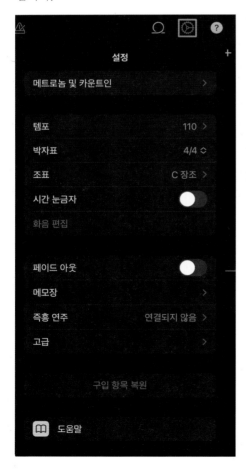

🎵 맥으로 프로젝트 공유하기

아이패드/아이폰용 개러지밴드와 맥용 개러지밴드를 모두 사용하면 에어드롭(AirDrop) 또는 아이클라우드(iCloud)로 작업 중인 프로젝트를 쉽게 주고받을 수 있습니다. 먼저 아이폰/아이패드용 개러지밴드로 연주를 하고, 녹음한 곡을 맥용 개러지밴드로 보내서 세부 편집과 믹싱 등 후반 작업하면 편리합니다.

아이클라우드

먼저 아이폰/아이패드용 개러지밴드에서 곡을 작업했다고 가정하고 작업한 곡을 아이클라우드에 등록하여 연동된 기기들에서 사용하는 방법입니다.

아이패드의 메인 **[설정]**에 들어가서 검색 창에 'GarageBand'를 검색합니다. 아래와 같이 개러지밴드의 설정 화면으로 이동하면 'GARAGEBAND 접근 허용' 영역의 **[문서 저장 공간]**을 [iCloud Drive]로 설정합니다. 이제 작업하는 프로젝트가 자동으로 아이클라우드에 공유됩니다.

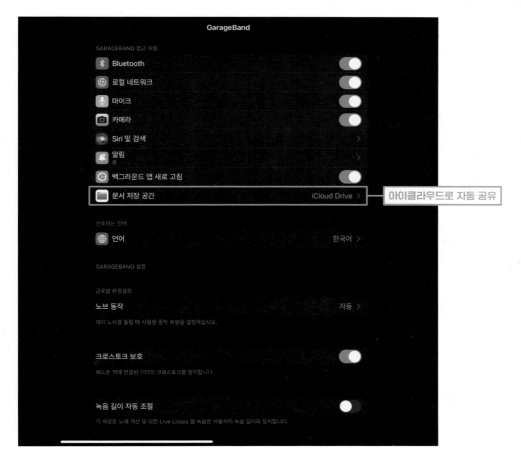

이렇게 아이클라우드로 공유된 작업물은 다른 애플 디바이스에서 개러지밴드로 불러올 수 있습니다.

◀ **TIP** 만약 아이클라우드에 자동으로 저장되지 않은 프로젝트가 있다면 개러지밴드의 작업물 목록에서 옮길 프로젝트를 길게 누른 후 [이동]을 터치합니다.

다음과 같이 저장소 선택 화면이 열리면 [iCloud Drive]를 선택한 후 하위 폴더를 고르면 프로젝트를 옮길 수 있습니다.

에어드롭

에어드롭 기능을 이용할 때도 원하는 프로젝트를 길게 누르고 **[공유]**를 터치하면 다음과 같이 노래 공유 화면이 나오며, 다른 디바이스와 공유할 수 있습니다. 포맷은 **[노래]**, **[벨소리]**, **[프로젝트]**가 있는데 여기서 **[노래]**는 추후에 편집이 불가능한 오디오 파일로 보내는 기능입니다. 따라서 완성곡을 공유할 때만 사용합니다. **[벨소리]**로도 활용할 수 있지만, 맥으로 프로젝트를 공유하여 추가 편집 작업을 하려면 **[프로젝트]**를 선택합니다.

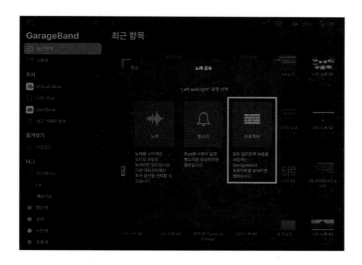

공유할 프로젝트와 포맷을 선택하면 이제야 어떤 기기와 공유할지 선택합니다. 아래와 같이 에어드롭으로 연결된 다른 기기가 표시되면 선택해서 공유할 수 있습니다.

오렌지노 특강 맥에서 불러올 때는 iOS용 GarageBand 프로젝트 선택하기

원래 아이폰/아이패드용 개러지밴드와 맥용 개러지밴드의 프로젝트 파일은 서로 다른 방식으로 저장되어 기본적으로는 상호 호환이 되지 않습니다. 다만 아이폰/아이패드용 개러지밴드에서 작업한 프로젝트를 맥용으로 불러오면 자체적으로 변환되어 호환됩니다. 하지만, 반대로 맥용 개러지밴드에서 작업한 프로젝트 파일을 그대로 아이폰/아이패드용 개러지밴드로 불러올 수는 없고, 메뉴 막대에서 [공유 – iOS용 GarageBand 프로젝트]를 선택하고 변환하여 추출해야 합니다.

LESSON 02 드럼 넣기

이제 단순한 믹싱이 아니라 본격적으로 연주를 가미하여 하나의 완성된 곡을 만들겠습니다. 'Happy birthday to you'를 편곡하면서 그 과정을 상세하게 알아보는 시간입니다.

'Happy birthday to you'라는 이 곡은 3/4 박자로 흔한 박자가 아닙니다. 초보의 연습으로 적당하지는 않아서, 이번에는 4/4 박자로 편곡하여 사용합니다. **[노래 설정]**에서 **[박자표]**를 **[4/4]**로 선택합니다. 3박자 곡을 4박자 곡으로 바꾸는 가장 간단한 방법으로, 비어 있는 박자를 추가하겠습니다. 참고 영상으로 먼저 확인해 보세요.

영상으로 확인하기

🎵 드럼 연주 세팅하기

프로 드러머의 가상 세션도 있지만 다양한 방법을 익히기 위해 직접 연주하여 추가합니다.

01 아이패드에서 개러지밴드를 실행하고 악기 선택 화면에서 **[드럼]**의 **[어쿠스틱 드럼]**을 선택합니다.

🎤 오렌지노 특강 *Happy birthday to you의 저작권 소송*

우리가 흔히 생일 축하곡으로 부르는 'Happy birthday to you'는 미국의 음반 회사인 Warner Chappell Music(워너 차펠 뮤직)이 저작권을 가지고 있었습니다. 하지만 이 곡이 언제까지 저작권 보호를 받고 있는지에 대한 의문이 제기되며 집단 소송으로 이어졌습니다. 2016년, 로스앤젤레스에서 이 곡의 저작권이 공개(Public Domain)되었다는 판결과 함께 그동안 지불된 라이선스 비용 1,400만 달러를 돌려주면서 저작권에서 자유로운 곡이 되었습니다.

02 기본으로 표시되는 드럼 세트를 사용해도 되지만 개러지밴드에 포함된 다양한 드럼 소리를 들어 보고 마음에 드는 드럼 세트를 선택하는 편이 좋습니다. 화면 중앙에 있는 드럼 세트의 이름(기본은 SoCal)을 터치하면 다른 소리의 드럼 세트로 변경할 수 있습니다. 메뉴를 이용하거나 드럼 세트의 이름 부분을 좌우로 슬라이드하여 다음 드럼 세트로 전환할 수 있습니다. 가급적 많은 드럼을 직접 연주해 보고 곡과 어울리는 경쾌하고 밝은 느낌의 드럼 세트를 찾아서 선택합니다.

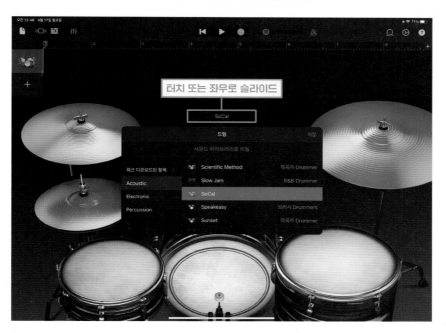

◀ **TIP** 아이폰에서는 왼쪽 위에 있는 버튼을 터치하면 현재 사용 중인 드럼 세트 이름이 표시되며, 이 이름을 터치하여 드럼 세트 종류를 변경할 수 있습니다.

03 아이폰/아이패드용 개러지밴드는 화면을 터치하는 강도에 따라 벨로시티(음량)가 다릅니다. 개러지밴드를 입문하는 단계라면 아직은 터치 강도를 제어하면서 연주하기 어렵기 때문에 이 기능으로 오히려 부자연스러운 결과가 나올 수 있습니다. 따라서 지금은 이 기능을 끄고, 일정한 벨로시티로 녹음한 다음에 편집하겠습니다. 먼저 **[트랙 제어기]**에서 **[트랙 설정]** 항목을 선택하여 펼칩니다. 트랙 설정 항목 중 **[벨로시티 감도]**를 터치하면 감도가 **[중간]**으로 기본 설정되어 있습니다. 이 옵션을 **[끔]**으로 변경합니다.

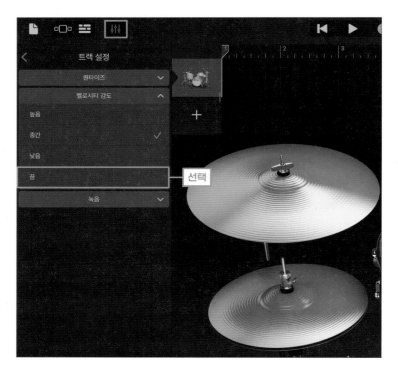

🎵 드럼 연주 녹음하기

이제 녹음을 위한 연주를 시작하겠습니다. 여기서는 지난 챕터의 음악 이론 중 드럼을 활용한 주요 리듬에서 소개한 '8비트 Go-go 박자'를 활용합니다.

01 먼저 경쾌한 느낌을 위해 **[노래 설정]**에서 템포를 **[120]**으로 수정하고 메트로놈을 켠 후 제어 막대에서 **[재생]** 버튼을 누릅니다. 그 상태로 아래 악보를 틀리지 않고 연주할 수 있을 때까지 반복해서 연습합니다.

하이-햇	🥁	🥁	🥁	🥁	🥁	🥁	🥁	🥁
스네어 드럼			🥁				🥁	
베이스 드럼	🥁				🥁	🥁		

02 박자에 맞게 능숙한 연주가 가능한 수준이 되었다면 이제 녹음을 시작합니다. 제어 막대에서 **[처음으로 이동]** 버튼을 터치하여 재생헤드를 처음으로 옮긴 후 **[녹음]** 버튼을 터치하면 설정한 120 템포에 맞게 가이드 비트가 4번 나온 뒤 녹음이 시작됩니다. 녹음 중 연주가 틀렸다면 멈춘 뒤 **[되돌리기]** 버튼을 터치하여 녹음을 다시 시작합니다. 이렇게 완벽하게 1마디를 녹음했다면 **[악기/트랙 화면 전환]** 버튼을 터치하여 트랙 화면으로 전환합니다.

03 트랙 화면에는 다음과 같이 녹음한 1마디의 드럼 트랙이 표시됩니다. 이제 녹음한 것을 정확한 박자에 맞게 조정하는 퀀타이즈 기능을 사용해 보겠습니다. 벨로시티 설정과 마찬가지로 ❶ **[트랙 제어기]**에서 ❷ **[트랙 설정]**의 **[퀀타이즈]**를 선택합니다. 다음과 같이 퀀타이즈 옵션이 펼쳐지면 ❸ **[스트레이트]** 탭에서 **[8분음표]**를 선택합니다. 이제 8비트의 정확한 리듬으로 변합니다. 단, 최초 녹음을 할 때 박자가 어긋나면 의도와 다르게 퀀타이즈 기능이 다른 방향으로 작동할 수 있습니다. 그러므로 녹음할 때 최대한 정확한 리듬을 지켜야 합니다.

◀ **TIP** 드럼 연주 녹음 및 보정 과정은 드럼뿐 아니라 모든 악기에 반복적으로 수행해야 하는 기능이므로 잘 숙지해야 합니다. 참고로, 이번 연주에서 1마디를 8비트로 나눈 정확한 타이밍으로 보정하기 위해 8분음표를 사용했습니다. 그리고 4비트 연주를 할 때는 4분음표를 사용하는 등 사용된 가장 빠른(숫자가 높은) 음표 기준에 맞게 퀀타이즈를 적용합니다.

🎵 녹음 편집하기

01 ❶ 트랙 화면의 작업 영역에서 녹음된 1마디를 터치합니다. ❷ 다음과 같이 위쪽에 메뉴 팝업이 열리면 여기서 [**편집**]을 터치합니다.

02 연주 노트 화면이 표시됩니다. 연주 노트 화면은 16개의 드럼 세트 소리들이 어떤 타이밍에 연주되었는지 보여주는 화면입니다. 편집이 편리하도록 아래처럼 작업 영역을 두 손가락으로 넓게 벌려서 확대하여 표시합니다.

두 손가락으로 화면 벌려서 확대

03 벨로시티 감도를 끈 상태이므로, 모두 100으로 설정되어 있습니다. 벨로시티는 0부터 127까지 설정할 수 있습니다. 드럼 노트에서 초록색으로 표시되는 각 노트를 터치하여 수정할 수 있습니다. ❶ 먼저 수정을 원하는 노트를 터치해 보면 메뉴 창이 열립니다. ❷ 여기서 **[벨로시티]**를 터치합니다.

04 벨로시티 조절 막대가 표시됩니다. 수치 값이 정확하게 표시되지는 않으므로 최솟값이 0, 최댓값이 127이라는 것을 염두에 두고 적절히 조절합니다. 과도한 음량으로 조화를 깨지 않도록 기본값인 100 이상으로 넘지 않도록 합니다.

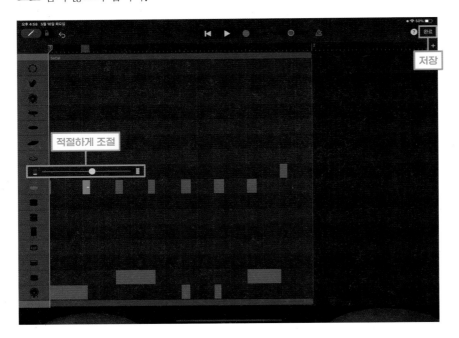

05 **[하이-햇]**의 8비트 박자는 벨로시티를 대략 '90 − 75 − 90 − 75 − 90 − 75 − 90 − 75' 정도로 수정합니다. 이렇게 하면 2, 4, 6, 8 비트를 조금 약하게 연주하면서 보다 자연스러운 흐름으로 들리게 할 수 있습니다. 벨로시티를 정확히 맞출 수 없어도 조금씩 다르게 들어가는 것이 더 자연스럽기에 걱정하지 않아도 됩니다. **[베이스 드럼]**은 6번째 비트의 벨로시티만 60 정도로 줄입니다. 이제 오른쪽 위의 **[완료]** 버튼을 눌러 트랙 편집 화면으로 돌아갑니다

06 트랙 화면으로 돌아온 후 작업 영역에서 연주 영역을 터치하여 메뉴를 호출하고 **[루프]**를 선택하면 아래와 같이 8마디가 모두 같은 비트로 채워집니다. 이렇게 기본 드럼 비트가 완성되었습니다.

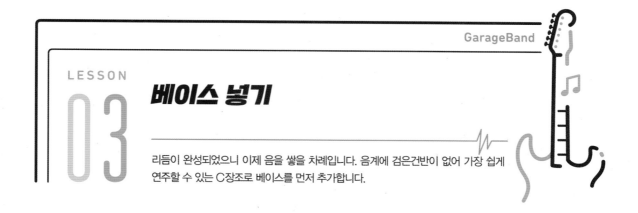

LESSON 03

베이스 넣기

리듬이 완성되었으니 이제 음을 쌓을 차례입니다. 음계에 검은건반이 없어 가장 쉽게 연주할 수 있는 C장조로 베이스를 먼저 추가합니다.

'Happy birthday to you'는 단순한 코드 진행으로 이루어진 곡입니다.

하지만 이번 편곡에는 좀 더 세련된 코드 진행으로 바꾸어 만들겠습니다. 코드를 아래와 같이 편곡합니다.

이 악보를 마디, 비트 흐름으로 이해하기 쉽도록 도식으로 변환했습니다(멜로디가 먼저 들어가는 맨 앞 1마디는 생략함). 한 칸을 1비트로 표현했으며, 4비트가 모인 1마디씩 묶어서 색으로 구분했습니다.

C			G^7			FM^7			G	Am^7		

Em^7			Am^7			Dm^7			G^7	C		

🎵 베이스 연주 세팅하기

01   Smart 악기에서 앞에서와 같이 코드 사용을 할 수 있도록 화음 편집을 진행하겠습니다. 앞서 드럼 연주를 진행한 프로젝트에서 악기 선택 화면으로 이동하여 **[베이스]**에서 **[Smart Bass]**를 터치합니다.

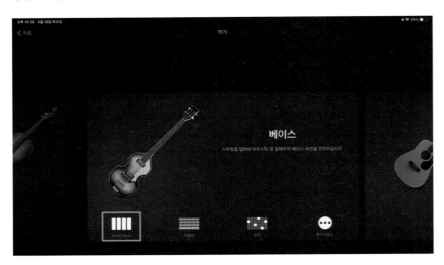

02   ❶ 오른쪽 위에 있는 **[노래 설정]**을 터치한 후 ❷ 조표가 **[C장조]**로 되어 있는지 확인합니다. 아니라면 C장조로 변경합니다. ❸ 이어서 **[화음 편집]**을 터치합니다.

🔊 **TIP** 아이패드 프로 12.9인치 모델의 경우 아래와 같이 12개의 코드를 사용할 수 있지만, 그 외의 아이패드 모델은 8개만 넣을 수 있습니다.

03 사용자 설정 화음 화면이 나옵니다. 이 곡에서 사용할 7개의 코드를 등록하겠습니다. 사용자 설정 화음은 선택 항목 4개로 구성되어 있습니다. 왼쪽부터 순서대로 '루트', '코드 성격', '표현', '베이스 음'을 선택합니다.

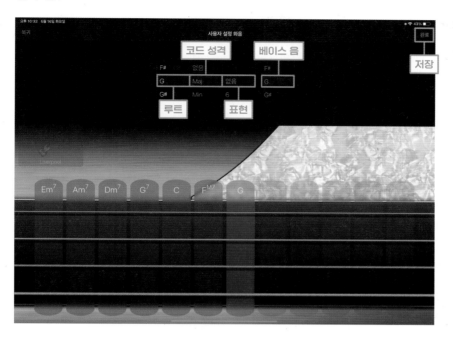

왼쪽부터 각 코드를 선택한 후 아래의 표를 참고하여 설정하고 **[완료]**합니다.

코드 이름	루트	코드 성격	표현	베이스 음
Em^7	E	Min	7	E
Am^7	A	Min	7	A
Dm^7	D	Min	7	D
G^7	G	Maj	7	G
C	C	Maj	없음	C
FM^7	F	Maj	Maj^7	F
G	G	Maj	없음	G
없음	없음	없음	없음	없음

코드의 루트를 베이스로 입력하지 않더라도 기본적으로 그 루트가 베이스가 됩니다. 그럼에도 지금과 같이 아이폰/아이패드용 개러지밴드 Smart 악기 화음 편집에서 베이스와 루트를 모두 맞추는 이유는, 특히 베이스 연주 시 연주할 수 있는 가장 낮은 음이 루트가 되게 하기 위함입니다. 베이스를 별도로 설정하지 않으면 개러지밴드에서 자체적으로 판단한 코드의 음 중 하나가 무작위로 가장 낮은 음으로 표현됩니다. 그러므로 가장 낮은 음을 베이스 음으로 바꿔주기 위해 이 작업은 반드시 거쳐야 합니다.

필자 의견으로는 루트를 베이스로 지정하지 않더라도, 가장 낮은 음을 베이스 음으로 넣어 주는 설정으로 개러지밴드 기능이 업데이트가 되면 좋을 것 같습니다.

베이스 연주 녹음하기

01 우선 베이스 음색부터 바꿉니다. ❶ 왼쪽 위에 있는 악기 이름을 터치하여 ❷ [P-Bass]로 변경합니다. 각 악기를 선택해서 음색을 들어 보고 더 마음에 드는 다른 베이스를 선택해도 무방합니다.

02 루트와 베이스를 일치시키는 작업은 앞서 진행했으므로, 이제부터 4개의 현 중 가장 아래 있는 현만 비트에 맞게 누르는 방식으로 연주하겠습니다.

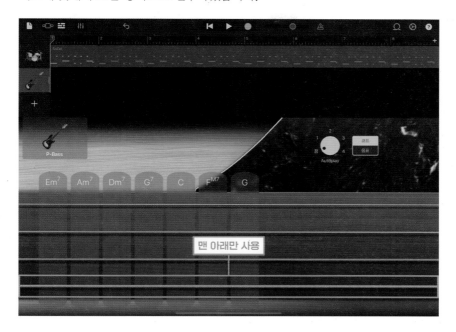

03 다시 코드표를 확인해 봅니다. 코드 진행을 외우기 전까지는 Smart 악기에 입력한 코드 순서로 외우는 것이 편할 것입니다. 코드를 입력한 7개의 코드 순서로 바꾸고, 5, 6마디에 음을 추가한 베이스 연주표를 참고합니다.

C			G_7			FM_7			G	Am_7
Em_7			Am_7			Dm_7			G_7	C

▲ 코드로 표현한 베이스 연주표

1마디			2마디			3마디			4마디		
5번			4번			6번			7번	2번	

5마디				6마디				7마디			8마디	
1번			1번	2번			2번	3번			4번	5번

▲ 설정한 코드 순서대로 표시한 연주표

04 우선은 연습을 위해 **[재생]** 버튼을 터치한 후 드럼 비트에 맞게 위와 같은 순서로 4개의 현 중에서 가장 아래쪽의 현을 터치하여 연주합니다. 3, 5, 6, 7마디의 4번째 비트 연주가 어렵다면 생략한 채로 연습하여 익숙해진 후 다시 모든 코드를 연습하는 방법으로 진행합니다.

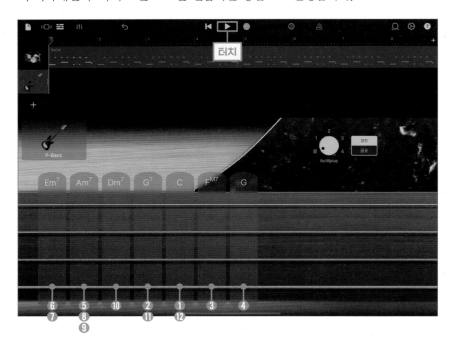

05 틀리지 않고 박자에 맞게 코드 연주를 할 수 있게 되었다면 녹음을 시작합니다. 드럼을 녹음했을 때와 마찬가지로 ❶ 재생헤드를 맨 앞으로 옮긴 후 ❷ **[녹음]** 버튼을 누르고 베이스를 연주합니다. 녹음을 마친 후 트랙 화면으로 전환하면 다음과 같이 드럼에 이어 베이스 루프까지 추가된 것을 확인할 수 있습니다.

🔈**TIP** 드럼 비트가 들어 있으므로 이번에는 메트로놈을 꺼둔 채로 녹음하면 됩니다. 또한 드럼 녹음 실습을 떠올려 트랙 설정의 퀀타이즈를 스트레이트 4분음표로 지정하면 정확한 박자로 녹음됩니다.

🎵 녹음 편집하기

01 트랙 화면에서 베이스 루프를 터치한 후 **[편집]**을 누르면 다음과 같이 표시되었다면 제대로 연주하여 녹음한 것입니다.

02 연주된 음 중 4번째 비트에 짧게 들어간 음들은 벨로시티를 낮춰 더욱 자연스러운 연주로 만듭니다. 이로써 베이스의 기본 연주 녹음까지 완료되었습니다.

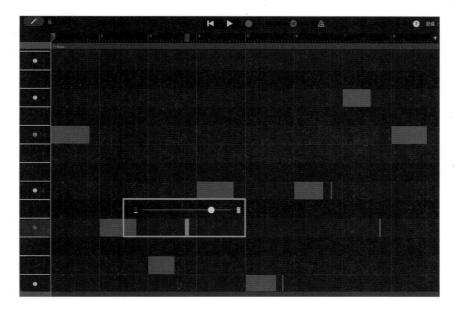

LESSON 04

Autoplay로 기타 코드 넣기

아이폰/아이패드용 개러지밴드의 Smart 악기에는 Autoplay라는 자동 연주 기능이 있습니다. 자동 연주 기능을 이용하면 좀 더 쉽게 연주를 추가할 수 있겠지요?

🎵 어쿠스틱 기타로 자동 연주하기

악기별로 4가지 패턴의 Autoplay가 있으므로, 어쿠스틱 기타 연주는 이 기능을 이용해 보겠습니다.

01 베이스 녹음까지 마친 프로젝트에서 악기 선택 화면으로 이동하여 **[기타]**의 **[Smart Guitar]**를 선택합니다.

02 어쿠스틱 기타 연주 화면이 열리면, 이전 레슨에서 베이스로 설정한 코드가 그대로 표시됩니다. 코드에 맞게 6개의 현으로 연주를 하면서 녹음하기 전에 악기와 친해지는 시간을 가져봅니다.

◀ TIP 아이패드 화면 크기와 업데이트 상황에 따라서 위쪽의 초록색 트랙 부분은 표시되지 않기도 합니다.

03 어느 정도 악기를 연주해 봤다면 Autoplay 기능을 활성화하겠습니다. ❶ 기본 [끔]으로 설정되어 있는 Autoplay 다이얼을 드래그하여 1번으로 변경합니다. ❷ 이제 코드 중에서 [C] 영역을 터치하면 자동 연주가 시작됩니다. 이어서 2번, 2번, 4번 패턴도 감상하면서 그 차이를 기억해 둡니다.

◀ TIP 아이폰에서는 오른쪽 위에 있는 다이얼 모양의 [Autoplay] 버튼을 터치하면 위 화면과 동일한 화면이 표시됩니다.

04 여기서는 Autoplay의 1번 패턴으로 기타 연주를 녹음하겠습니다. 베이스 연주를 녹음할 때와 동일하게 **[재생]** 버튼을 터치하여 녹음된 드럼과 베이스를 들으면서 타이밍에 맞게 코드에 따라 연주해 봅니다.

1마디				2마디				3마디				4마디			
5번				4번				6번			7번	2번			

5마디				6마디				7마디				8마디			
1번				2번				3번			4번	5번			

05 베이스 연주에서 연습이 잘 되었다면 기타 역시 쉽게 익숙해질 것입니다. 베이스 연주와 마찬가지로 ❶ 재생헤드를 맨 앞으로 옮긴 후 ❷ **[녹음]** 버튼을 눌러 8마디를 순서대로 연주하여 녹음합니다. 기타까지 녹음이 잘 되었다면 트랙 화면이 다음과 같이 될 것입니다. 녹음된 것을 재생하여 박자와 코드가 틀린 것이 없는지 확인해 봅니다.

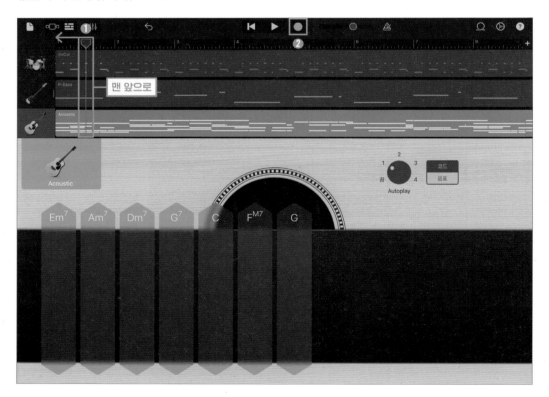

LESSON 05
멜로디 노트 찍기

이제 섹션 단위로 편집하여 8마디를 다른 패턴으로 반복하고 멜로디를 넣는 과정입니다. 보컬 외 멜로디를 연주하기 좋은 악기는 많지만, 특히 개성이 도드라지는 관악기는 멜로디를 만들기에 훌륭합니다.

멜로디 녹음 세팅하기

01 기존 프로젝트에 멜로디를 연주할 악기를 설정합니다. 멜로디는 건반 연주가 편하기에 악기 선택 화면의 **[키보드]**에서 **[Alchemy 신디사이저]**를 선택합니다.

02 세부 악기 종류는 주 카테고리에서 **[Other]**의 **[French Horn]**을 선택합니다. 다른 카테고리의 악기 선택 화면이라면 카테고리 위쪽에 있는 **[주 카테고리]**에서 **[Other]**를 선택합니다.

오렌지노 특강 **건반 악기 자세히 보기**

건반 연주 화면에서 위쪽을 보면 몇 가지 조절 장치가 있습니다. 이러한 위쪽 화면은 악기에 따라 다르지만 대체로 유사합니다. 건반 연주 화면을 보면 먼저 왼쪽은 음정을 미세하게 조절하는 피치(PITCH) 기능이 있습니다. 건반의 한 음을 누른 채로 [PITCH] 다이얼을 위아래로 조정해 봅니다. 음이 조금씩 변하는 걸 느낄 수 있을 것입니다. 반음 기준으로 −2에서 +2까지 조절됩니다.

오른쪽에는 음색을 설정하는 항목들이 있습니다. French Horn은 [ATTACK], [RELEASE]라는 2개의 다이얼이 있습니다. ATTACK은 건반을 눌렀을 때 소리가 바로 나오는지 천천히 나오는지를 조절하며, RELEASE는 건반에서 손을 떼었을 때 소리가 얼마나 길게 이어지는지를 조절합니다.

이처럼 신디사이저 사운드는 앞에서 배운 XY 패드와 같이, 더욱 다양한 음색 설정이 가능합니다. 모든 설정은 직접 귀로 들으며 차이를 느끼는 편이 좋습니다.

건반 바로 위에 있는 도구 막대 영역에도 다양한 기능이 있습니다. 예를 들어, 제한된 아이패드 화면은 연주 영역이 좁기에 옥타브를 올리거나 내려 더 넓은 음역대로 연주하는 기능, 피아노의 페달과 같은 [SUSTAIN] 스위치, 키보드를 슬라이드 했을 때 어떤 기능으로 동작하는지도 설정할 수 있습니다.

또한 음계를 제한하여 특정 음계에서 더욱 편하게 연주하는 기능, 건반 넓이를 조절하거나 아이패드에서 편하게 2단으로 설정하여 보다 넓은 음역대를 연주하는 기능, 자동으로 아르페지오(코드를 한 번에 연주하지 않고 한 음씩 상승 혹은 하강하여 연주하는 주법)를 연주해 주는 아르페지에이터, 코드와 노트를 전환하는 버튼 등이 있습니다.

또한 아이패드/아이폰 디바이스의 [설정]에서 GarageBand 항목의 [키보드 음표 레이블]을 활성화하면 아래와 같이 건반마다 음이 표시됩니다. 아직 건반 악기가 익숙하지 않다면 익숙해질 때까지 이 기능을 활성화해서 사용하면 좋습니다.

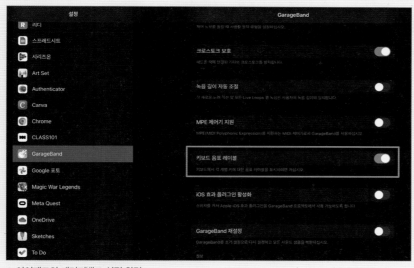

▲ 아이패드의 개러지밴드 설정 화면

03 이제 멜로디 연주를 연습해 봅니다. 아래 악보를 보고 지금까지 만든 반주를 재생하면서 연주합니다. 첫 마디는 반주가 시작되기 전 멜로디가 미리 연주되는 부분입니다. 그러므로 A 섹션의 마지막인 8마디부터 재생하여 G음부터 먼저 시작하며 반복 연습을 합니다.

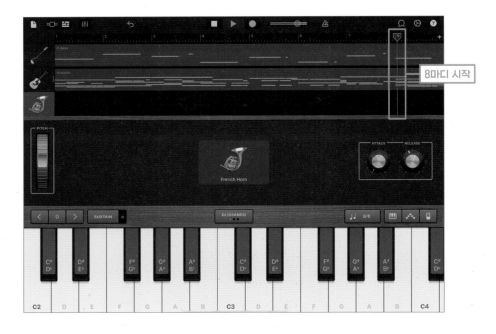

🎵 섹션을 나눠 편집하기

틀리지 않을 때까지 멜로디 연습이 끝났다면 녹음을 하기 전 작업이 있습니다. 바로 섹션 편집입니다. 아이 폰/아이패드용 개러지밴드에서는 섹션을 이용하여 손쉽게 구간별 편집을 할 수 있습니다. 일반적으로 8마 디 혹은 16마디를 하나의 섹션으로 묶어 활용합니다. 현재까지 녹음한 영역은 8마디인 A섹션으로 설정되 어 있습니다.

A섹션

01 이제 트랙 화면으로 이동합니다. 아직 멜로디는 녹음 전이므로 트랙만 있고 루프는 없는 상태입니다. 위쪽의 마디 눈금에서 오른쪽 끝에 있는 [+] 버튼을 터치합니다. **[노래 섹션]** 창이 열립니다.

◀ TIP 재생헤드가 맨 뒤에 배치되어 있으면 [+] 버튼이 보이지 않을 수 있습니다. 마디 눈금에 [+] 버튼이 보이지 않는다면 재생헤드의 위치를 조정해 보세요.

02 특정 섹션을 선택한 후 **[복제]**를 누르면 다음 섹션으로 그대로 복제됩니다. 현재 A섹션만 있으므로 그대로 **[복제]**를 터치해서 B섹션을 생성합니다. A섹션을 이 노래의 간주로 사용하고 B섹션부터 멜로디를 추가할 것입니다.

03 섹션 간 이동은 다시 **[노래 섹션]** 창을 열어서 선택할 수 있지만, 루프 영역에서 슬라이드하는 방법으로 좀 더 쉽게 이동할 수 있습니다. B섹션에서 A섹션으로 밀어서 이동합니다.

04 이제 먼저 들어가는 멜로디의 2개의 음만 A섹션의 8마디에 녹음하고, 이후 B섹션에서 본격적으로 멜로디를 녹음할 예정입니다. 2개의 음을 녹음하는 데는 연주보다 노트 생성이 더 수월합니다. 멜로디 트랙의 루프 영역에서 빈 영역을 터치한 후 **[편집]**을 선택합니다.

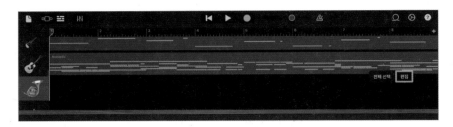

05 ❶ 왼쪽 위의 **[펜]** 스위치를 활성화하면 원하는 위치에 터치하는 것으로 음을 생성하거나 지울 수 있습니다. ❷ 왼쪽의 건반을 기준으로, 음은 C3와 C4 사이에 G3(솔)입니다. 위치는 8마디의 4비트에 아래와 같이 노트를 찍은 후에 ❸ **[완료]**합니다.

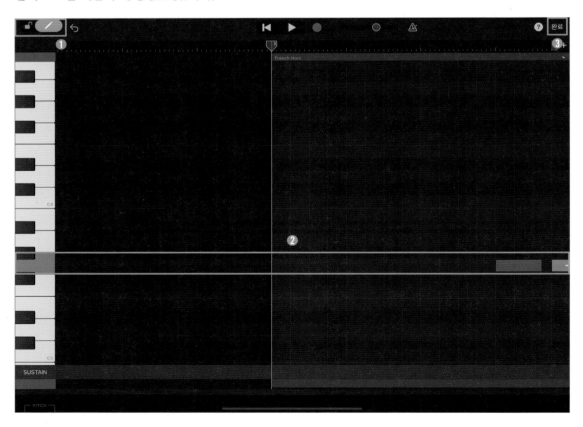

🎵 멜로디 녹음하기

B섹션

01 이제 B섹션으로 이동하여 본격적으로 멜로디를 녹음합니다. B섹션에서 악기 연주 화면으로 이동하여 아래 멜로디의 두 번째 마디부터 연주하여 녹음합니다.

> **◀ TIP** 악기 연주 화면에서도 위쪽의 마디 눈금을 슬라이드하여 섹션을 이동할 수 있습니다.

02 16분음표가 있어 박자를 정확히 입력하지 않으면 틀린 노트가 조금씩 나올 수 있습니다. 퀀타이즈를 스트레이트 16분음표로 설정한 뒤 틀린 부분이 있다면 편집을 통해 수정합니다. 녹음한 멜로디의 편집 화면을 열면 아래와 같이 녹음되어 있을 것입니다.

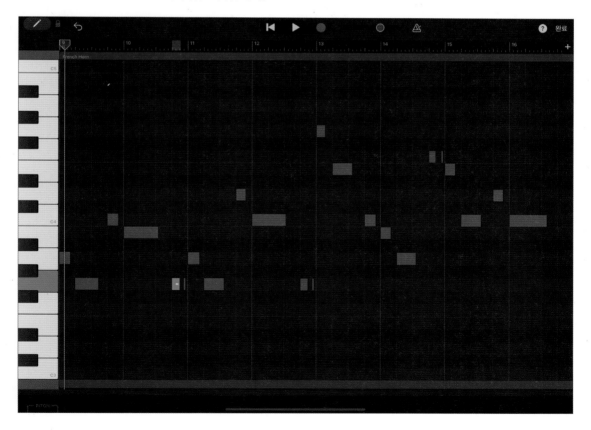

03 트랙 화면에서 **[노래 섹션]** 창을 열고 **[모든 섹션]**을 선택하면 A섹션과 B섹션을 한번에 볼 수 있습니다. 멜로디가 아래와 같이 나눠진 채로 녹음되며, 이대로 처음부터 재생해 보면 전주 후 멜로디가 나옵니다.

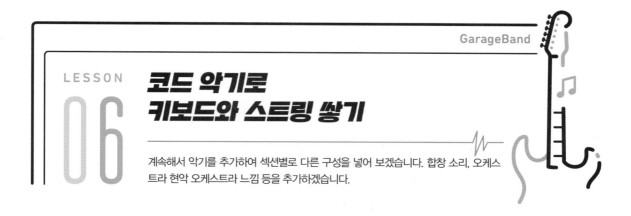

LESSON 06

코드 악기로
키보드와 스트링 쌓기

계속해서 악기를 추가하여 섹션별로 다른 구성을 넣어 보겠습니다. 합창 소리, 오케스
트라 현악 오케스트라 느낌 등을 추가하겠습니다.

🎵 B섹션에 합창과 피아노 쌓기

01 멜로디가 추가된 B섹션에 사람의 합창 소리를 추가하겠습니다. 악기 선택 화면에서 **[키보드]**의
[Smart Piano]를 고르고 세부 악기 종류에서 주 카테고리를 **[Alchemy Synth]**로 선택한 후 사람의 목소
리로 녹음된 악기들이 있는 **[Vocals]**에서 **[Deep Harmonic Waves]**를 선택합니다.

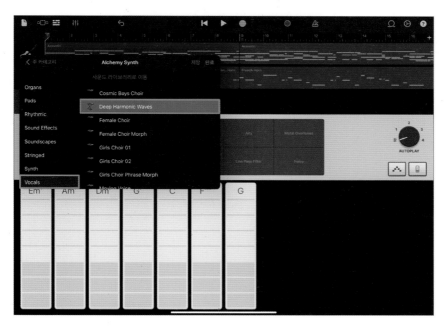

02 베이스를 녹음했던 것과 마찬가지로 타이밍에 맞게 터치하여 맞는 코드를 넣습니다. 코드가 표시된 각 바에서 세 번째 영역을 누르면서 녹음합니다. 전반적으로 함께 연주되는 악기들의 음역대가 골고루 분포되는 구성이 듣기에 좋기 때문입니다.

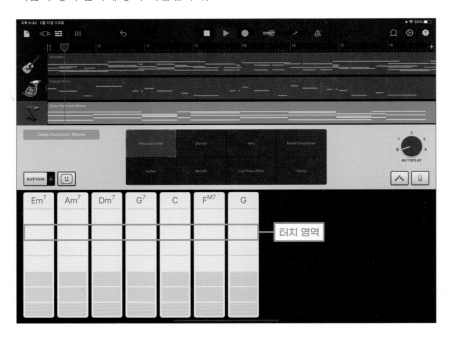

9마디		10마디		11마디		12마디	
5번		4번		6번	7번	2번	

13마디		14마디		15마디		16마디	
1번		2번		3번	4번	5번	

03 다음은 피아노 코드 반주를 넣겠습니다. 악기 선택 화면에서 **[키보드]**에서 **[Smart Piano]**를 추가로 생성하여 악기 종류를 **[Keyboards]**의 **[Grand Piano]**로 선택합니다.

04 피아노 반주는 Autoplay 기능을 이용합니다. ❶ 3번 패턴을 켜고, ❷ 코드 타이밍에 맞게 코드가 적힌 부분을 누릅니다. 아래쪽의 두 넓은 영역 중 아랫부분은 코드의 베이스를 의미하는데, C/G와 같이 베이스가 다른 코드를 연주할 때 활용할 수 있지만 대부분 사용하지 않습니다.

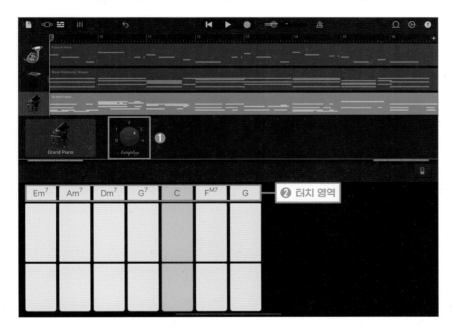

05 녹음이 끝나고 트랙 화면을 보면 B섹션은 드럼, 베이스, 기타, 멜로디(French Horn), 보컬 코러스 (Deep Harmonic Waves), 피아노 6개의 트랙으로 구성되어 있습니다.

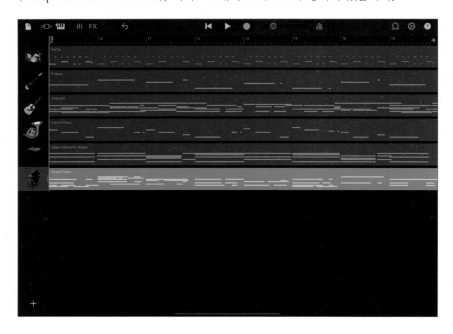

🎵 C섹션 추가하기

01 이제 새로운 섹션을 만듭니다. ❶ 우선 **[노래 섹션]** 창을 열고 ❷ **[B섹션]**을 선택한 후 ❸ **[복제]**를 눌러 C섹션을 생성합니다. 새로운 C섹션에는 현악 오케스트라 느낌으로 구성하겠습니다.

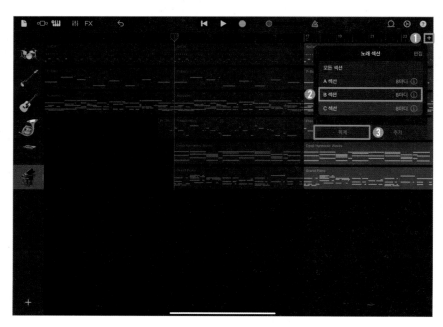

02 복제로 생성한 C섹션에서 트랙 화면으로 이동한 후 베이스, 기타, 멜로디, 코러스 트랙의 각 루프를 터치한 후 팝업 메뉴에서 **[삭제]**를 터치해 다음과 같이 드럼과 피아노만 남깁니다.

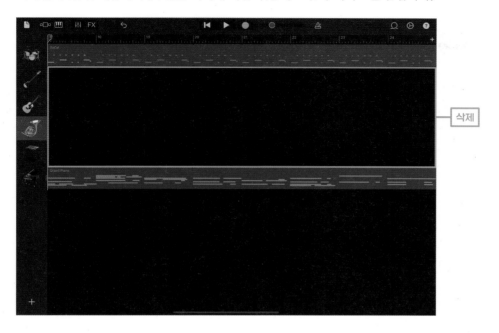

삭제

03 현악기를 추가하겠습니다. 악기 선택 화면으로 이동하여 **[스트링]**에서 **[Smart Strings]**를 선택합니다.

04 스트링에서 세부 악기 종류에 따라 음색은 4가지가 있으며, 음역대와 Autoplay 패턴의 차이가 있습니다. 세부 악기는 [Pop]을 선택합니다.

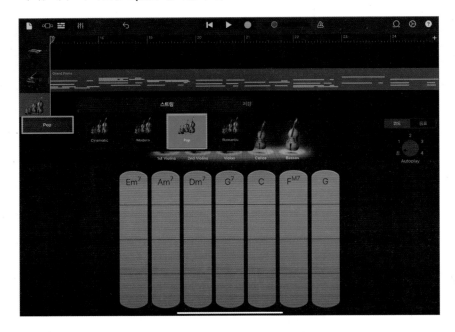

05 연주용 건반 위쪽에는 현악 5중주 악기를 켜고 끌 수 있습니다. 멜로디를 연주할 음역에 해당하는 [1st Violins]를 터치하여 비활성화한 후 [2nd Violins], [Violas], [Cellos], [Basses] 총 4개 악기만 연주되도록 설정합니다.

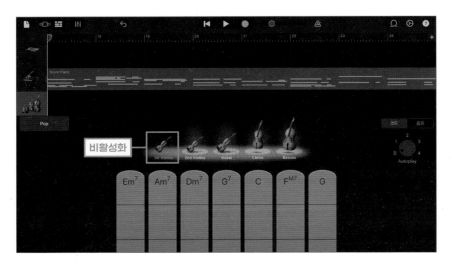

◀**TIP** 아이폰 개러지밴드에서는 오른쪽 위에 있는 다이얼을 터치해야 5중주 악기 목록과 Autoplay 패턴을 확인할 수 있습니다.

06 Autoplay의 4번 패턴으로 설정하고 다음과 같이 8마디를 코드에 맞게 녹음합니다.

17마디				18마디				19마디				20마디			
5번				4번				6번			7번	2번			

21마디				22마디				23마디				24마디			
1번				2번				3번			4번	5번			

현악 멜로디 추가하기

이번에는 현악 멜로디를 추가하겠습니다. 멜로디가 1비트 먼저 들어가는 형태입니다. A섹션 끝에서 먼저 연주하여 B섹션으로 이어진 것처럼, 이번에도 B섹션 끝에 먼저 멜로디를 넣고 C섹션에서 연결되는 과정으로 진행합니다.

01 현악 멜로디를 추가하기 위해 악기 선택 화면에서 **[키보드]**에서 **[Alchemy 신디사이저]**를 선택한 후 세부 악기 종류는 주 카테고리에서 **[Other]**의 **[Strings Sustain]**을 선택합니다.

02 트랙 화면에서 B섹션(9~16마디)을 표시합니다. 추가한 Strings Sustain 트랙의 루프 영역에서 빈 영역에 터치하여 **[편집]**을 선택하여 피아노 롤을 열고 **[펜]** 버튼을 활성화하여 16마디의 4비트에 G3(솔)음을 추가합니다. 지금 만지는 스트링 멜로디는 리듬을 조금 단순화하여 4분음표 1개만 넣을 것입니다. 앞서 배운 방법대로 **[트랙 제어기]**를 열고, **[퀀타이즈]**는 **[스트레이트]**의 **[4분음표]**로 설정합니다. 최종 B섹션은 아래와 같이 완성되었습니다.

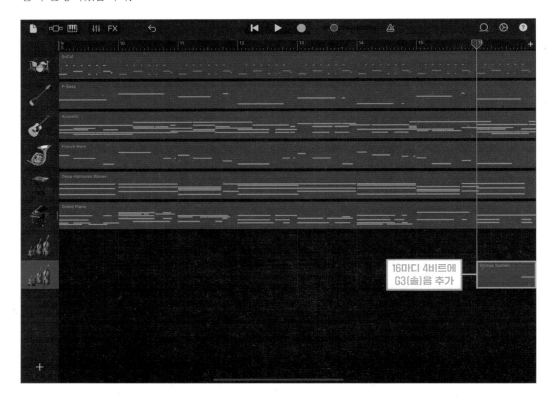

03 이제 C섹션으로 이동한 후 악기 연주 화면에서 String Sustain을 건반으로 연주합니다. 이때 리듬은 아래와 같이 단순화된 멜로디로 연주합니다.

04 녹음을 완료한 후 트랙 화면을 보면 C섹션에 아래와 같이 2개의 스트링 트랙이 채워졌습니다.

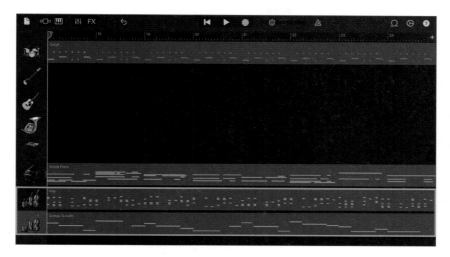

베이스 소리 변경

이번에는 베이스를 손으로 튕기는 더블베이스로 변경해 보겠습니다.

01 악기 선택 화면의 **[베이스]**에서 **[Notes]** 모드를 선택하여 트랙을 추가합니다. 세부 악기 종류는 **[Upright]**로 변경합니다. 이 악기의 현을 터치로 연주해 보면 현악 오케스트라에 어울리는 베이스 소리임을 알 수 있을 것입니다.

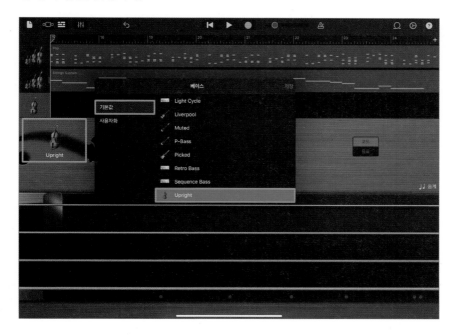

02 다른 악기에서 연주한 루프를 그대로 복사해서 붙여 넣겠습니다. 트랙 화면에서 B섹션으로 이동하여 ❶ P-Bass 트랙의 루프를 선택한 후 ❷ **[복사하기]**를 선택합니다.

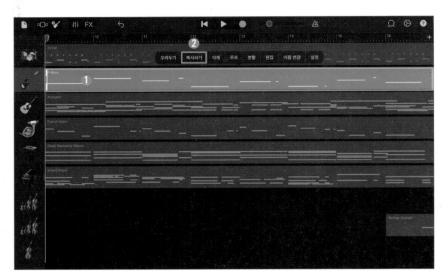

03 다시 C섹션으로 이동한 후 새로 추가한 Upright 베이스의 루프 영역을 터치한 후 **[붙이기]**를 선택합니다. 아래와 같이 Upright 트랙에 P-Bass의 루프가 그대로 복사됩니다. 이제 맨 위의 드럼 트랙, 피아노, 현악 4중주, 현악 멜로디, 베이스까지 총 5개 트랙이 채워져 C섹션이 완성되었습니다.

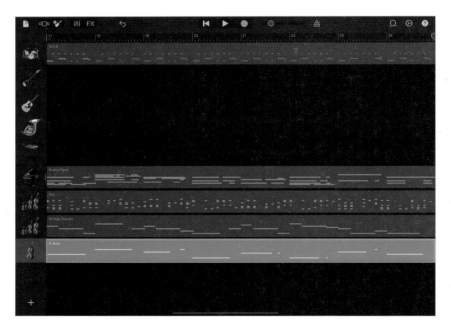

◀**TIP** 왼쪽 트랙의 악기는 Upright로 표시되지만, 복사해서 붙인 트랙은 P-bass로 뜹니다. 트랙을 복사하면 이름까지 복사되지만 악기에 맞게 소리가 바뀌므로 안심하세요.

🎵 D섹션으로 마무리하기

01 ❶ [노래 섹션] 창을 열고 ❷ [C섹션]을 선택한 후 ❸ [복제]해서 D섹션을 추가합니다.

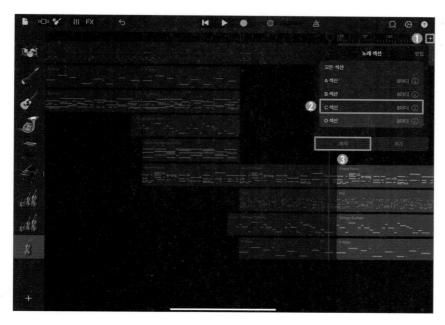

02 D섹션에서 드럼, 피아노, 현악 4중주의 Pop 트랙을 삭제합니다. 이렇게 총 4개의 섹션으로 나누어 기승전결 중 '결'에 해당하는 마무리 느낌을 구성합니다.

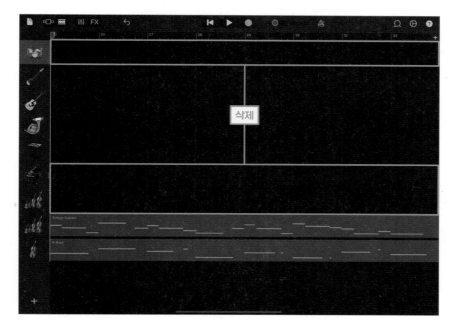

03 여운을 남기면서 끝나는 느낌을 표현하기 위해 길이를 8마디에서 11마디로 조정합니다. 마디 변경은 **[노래 섹션]** 창에서 변경할 섹션의 ⓘ버튼을 터치하고 아래와 같이 **[수동]** 항목에서 값을 변경하면 됩니다.

04 마디가 늘어난 만큼 악기가 있는 트랙의 루프도 자동으로 늘어납니다. 늘어난 루프는 다시 8마디로 줄여야, 우리가 의도한 여운이 남습니다. 각 루프를 터치하여 선택 상태가 되면 오른쪽 끝을 32마디까지 드래그하여 줄입니다. Strings Sustain과 Upright 모두 줄입니다.

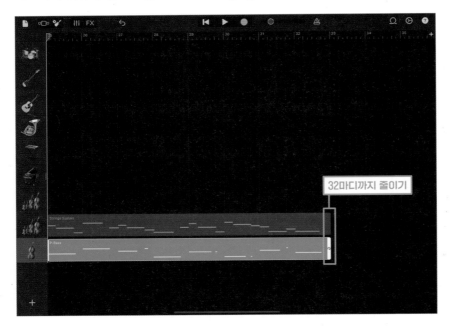

05 비어 있는 Pop 트랙을 선택하고 연주 화면을 엽니다. Autoplay를 *끄고* Smart Strings으로 직접 연주하겠습니다. 현악기마다 4칸으로 구분된 영역을 각각 터치하면 피치카토(끊어서 짧게 연주)로 연주되며, 위아래로 슬라이드하면 해당 코드가 길게 연주됩니다. 먼저 자유롭게 연습해 봅니다.

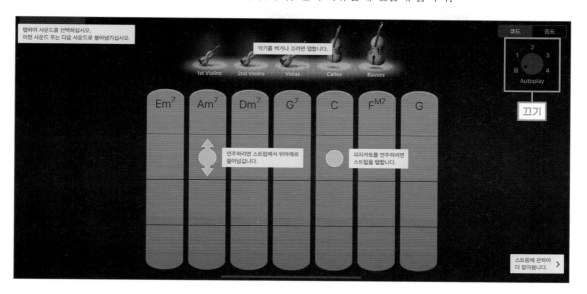

🎙️〰️ **오렌지노 특강 슬라이드 방법에 따라 달라지는 소리**

슬라이드하기 위해 터치를 시작하는 위치가 연주하는 코드의 음역대를 결정합니다. 또한, 슬라이드 속도에 따라 연주 세기가 달라집니다. 이를 잘 인지하면 다양한 연주가 가능합니다. 예를 들어, 연주의 마지막 부분에서 슬라이드를 느리게 하면 소리도 자연스럽게 점점 작아지는 페이드아웃 효과(fade out)를 연출할 수 있습니다.

· **낮은 음역**: 아래부터 시작하여 위아래로 슬라이드
· **높은 음역**: 위부터 시작하여 위아래로 슬라이드
· **소리를 작게**: 속도를 느리게 슬라이드
· **소리를 크게**: 속도를 빠르게 슬라이드

06 연주 방법과 음역대를 고려하되, 아래와 같이 한 마디에 하나의 코드만 길게 연주하는 방식으로 녹음을 시작합니다.

25마디				26마디				27마디				28마디			
5				4				6				2			

29마디				30마디				31마디				32마디			
1				2				3				5			

현악 5중주를 연주할 때 박자를 정확히 맞추기 쉽지 않습니다. 따라서 앞서 배운 방법으로 퀀타이즈를 스트레이트의 4분
음표로 설정하면 수월합니다. 혹은 아래와 같이 편집 상태에서 맞출 수도 있습니다. 빈 영역을 길게 누르면서 슬라이드하
면 사각형 모양으로 범위를 만들면 여러 영역을 선택하여 한 번에 위치를 옮길 수 있습니다.

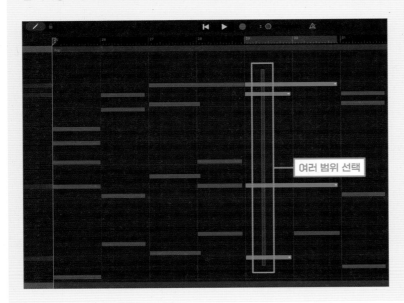

여러 범위 선택

07 새로 연주한 Pop 현악 5중주는 아래와 같이 녹음됩니다. 마지막인 32마디의 C코드를 연주할 때는
슬라이드 속도를 점점 느리게 하여 소리가 은은하게 작아졌습니다.

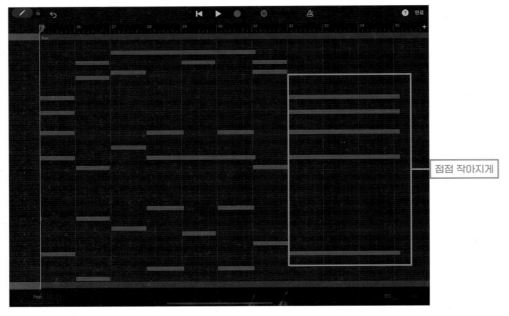

점점 작아지게

08 현악기 멜로디인 String Sustain 트랙을 선택하고 **[편집]**을 눌러서, 마지막 음인 C4(도)로 32~33마디까지 채워지도록 편집합니다. 아까 11마디로 늘리면서 8마디로 줄였던 루프를 다시 늘려 빈 공간을 만든 후에 늘릴 수 있습니다.

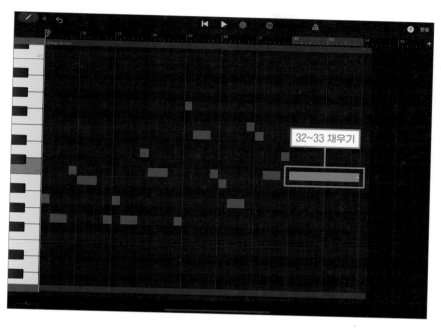

09 이렇게 D섹션은 아래와 같이 3개의 현악기로 구성하여 완성했습니다.

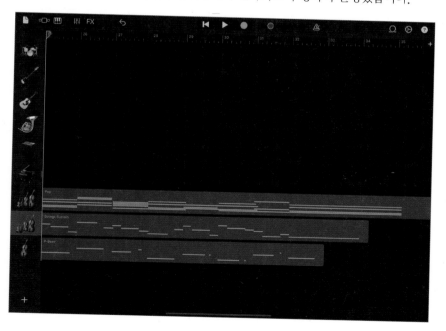

10 [**노래 섹션**] 창을 열고 [**모든 섹션**]을 선택합니다. 아래와 같이 4개의 섹션이 서로 다른 분위기로 완성된 것을 확인할 수 있습니다. 재생헤드를 맨 앞으로 옮겨 완성한 곡을 들어 보세요. 아직 끝나지 않았습니다. 다음 챕터에서 배울 믹싱 등 후반 작업을 거치면 완성도 높은 'Happy birthday to you' 편곡이 마무리됩니다.

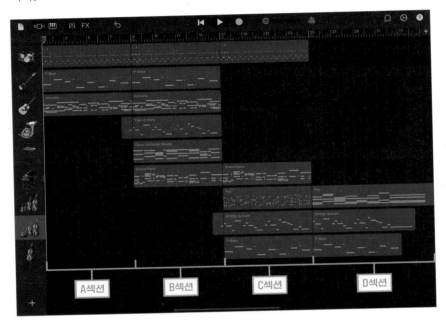

11 이제 작업을 마친 프로젝트의 이름을 'Happy birthday to you'로 변경합니다. 나의 노래 화면으로 이동하여 해당 프로젝트의 이름 부분을 터치하면 변경할 수 있습니다.

편곡 심화와
믹싱

지금까지 곡을 구성하고 연주하여 녹음한 트랙들을
편집한 일련의 과정을 편곡이라고 합니다.
물론 이 상태에서도 곡을 추출할 수 있습니다.
하지만 조금 더 욕심을 낸다면, 각 트랙이 더욱 잘 어우러지도록
악기의 소리를 보정하고 음량, 공간감 등을 수정할 수 있습니다.
이러한 믹싱 작업을 거쳐 더욱 완성도 높은 음악을 만들어 보겠습니다.

LESSON 01 편곡을 마스터하는 심화 기능

이번에는 편곡의 심화 과정과 이전 챕터에서 'Happy birthday to you'를 만들 때 아직 활용하지 않은 추가 기능 몇 가지를 배워 보겠습니다.

🎵 신디사이저의 음색 편집하기

건반으로 연주하는 신디사이저는 음색을 세부적으로 수정할 수 있는 기능이 있습니다. 선택하는 악기에 따라 편집할 수 있는 요소와 조작 방법이 다르니 한 악기를 예로 설명하겠습니다.

음색 편집 둘러보기

나의 노래 화면에서 새로운 프로젝트를 시작합니다. 악기 선택 화면의 [키보드]에서 [Alchemy 신디사이저]를 선택합니다. 이어서 세부 악기 종류는 주 카테고리에서 [Alchemy Synth]-[Pads]-[Epic Cloud Formation]으로 설정합니다. 위쪽 음색 편집 화면으로 슬라이드하면 크게 3~4가지 화면으로 구분됩니다. 그중에는 아래와 같이 총 8개의 사각형 모양의 스타일 프리셋(Preset) 버튼이 있습니다. 각각의 프리셋을 선택할 때마다 오른쪽 노브의 설정 값이 변합니다. 참고로, 프리셋 이름은 스타일을 요약하여 지어진 것이므로 큰 의미는 없습니다.

총 8개의 노브로 조절할 수 있는 설정 값은 사운드의 분위기를 바꿔주는 항목이며, 직접 조절하며 소리가 어떻게 달라지는지 듣는 것이 최선입니다.

> 🔊 **TIP** 여러 설정 값의 뜻과 느낌을 잘 기억해 둡니다. 대부분의 DAW에서 사운드 편집 항목이 유사하므로 다른 프로그램에서 활용하기 좋기 때문입니다. 이를테면 Delay는 메아리처럼 뒤따라 오는 울림, Reverb는 소리가 퍼진 공간의 반사음이 적용된 잔향, Resonance는 주파수에 따른 진동 세기 등을 말합니다.

마지막 화면으로 슬라이드하면 중앙에 X/Y축으로 사운드 분위기를 편집하는 패드가 있습니다. 그 오른쪽에는 소리의 속성을 정의하는 ADSR(Attack, Decay, Sustain, Release) 노브가 있습니다.

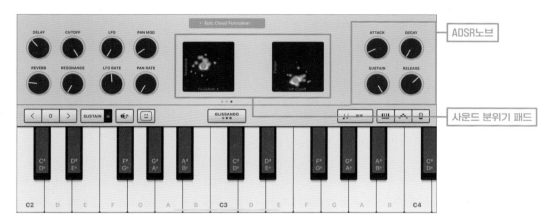

이 중 X/Y축으로 사운드 분위기를 편집하는 패드는 음색 자체를 바꿉니다. 따라서 패드에 터치를 하면서 직접 차이를 경험해 보는 것이 좋습니다.

ADSR 엔벨로프 이해하기

ADSR은 소리와 음악에서 시간에 따라 소리가 어떻게 변하는지 정의하는 전형적인 개념입니다. 따라서, 음향에 관심이 있다면 반드시 숙지해야 합니다. 각 항목이 어떤 의미를 가지고 있는지 다음 페이지의 도식을 참고하면 이해가 쉽습니다.

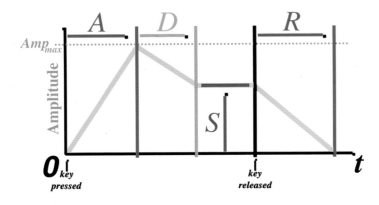

▲ 출처: 위키백과(https://en.wikipedia.org/wiki/Envelope_(music))

- **Attack:** 소리가 시작되어 음량이 피크까지 증가하는 데 걸리는 시간
- **Decay:** Attack에서 피크로 지정된 음량이 일정한 수준까지 감소하는 데 걸리는 시간
- **Sustain:** Decay를 지났음에도 건반을 누르는 동안에 지속되는 일정한 음량의 레벨
- **Release:** 건반을 뗐을 때 음량이 0으로 감소하기까지 걸리는 시간

이 개념을 활용하면 더욱 섬세하게 의도에 맞는 소리를 만들 수 있습니다. 예를 들면, 건반을 눌렀을 때 바로 소리가 나서 80 정도인 레벨(수준)의 음량을 유지하다가 건반을 뗐을 때 천천히 소리가 줄어들기 원한다면 Attack과 Decay를 매우 짧게 설정하고 Sustain을 80으로, Release를 길게 설정하는 방식입니다. 이 또한 직접 수정하며 그 차이를 느껴보는 것이 좋습니다.

건반 슬라이드 설정

건반을 쓸어넘길 때 어떤 작용을 하는지 설정할 수 있는 버튼이 중앙에 있습니다. 신디사이저는 일반적으로 아래에 이미지처럼 **[PITCH]**를 포함하여, **[GLISSANDO]**, **[SCROLL]**까지 총 3가지 중 하나를 선택할 수 있습니다.

- **GLISSANDO:** 일반적인 건반 쓸어 넘김
- **SCROLL:** 건반 위치를 이동
- **PITCH:** 부드러운 음의 높이(Pitch) 조정

신디사이저를 연주할 때 활용하기 좋은 기능 중 하나가 부드러운 Pitch 조정입니다. **[PITCH]**로 설정한 상태로 건반을 오른쪽으로 쓸어 넘겨보세요. 이 기능을 사용하면 인위적이고 기계적인 느낌으로 음을 진행할 수 있습니다. 싸이의 '강남 스타일' 등 댄스곡에서도 자주 사용하는 방식입니다.

🎵 기타의 음색 편집하기

기타의 음색을 바꾸기 위한 이펙터를 알아봅니다. 악기 선택 화면에서 **[기타]**를 선택합니다. 세부 악기 중 **[Acoustic]**을 제외한 나머지 모든 일렉트릭 기타는 전자음으로 꾸며 주는 이펙터 기능이 있습니다. 디스토션으로 일명 째지는 소리를 내거나, 울림을 강화시키는 방식의 이펙터를 켜고 끄면서 음색을 조정할 수 있습니다. 참고로, 맥용 개러지밴드에서는 이펙터를 단순히 켜고 끄는 것 이외의 세부적인 조절도 가능합니다.

🎵 샘플러로 녹음을 활용하기

2019년 5월 3일 방영된 KBS 2TV 〈유희열의 스케치북〉에서 가수 그레이가 만든 즉석 광고 음악 관련 영상은 레전드 영상 중 하나가 되어 많은 사람들의 감탄을 자아냈습니다. 그레이가 '유희열의 스케치북'이라고 말하는 목소리를 녹음하여 건반 연주로 음악을 만들 때 사용한 기능이 개러지밴드에도 기본으로 탑재되어 있습니다.

01 악기 선택 화면에서 **[키보드]**의 **[샘플러]**를 선택합니다.

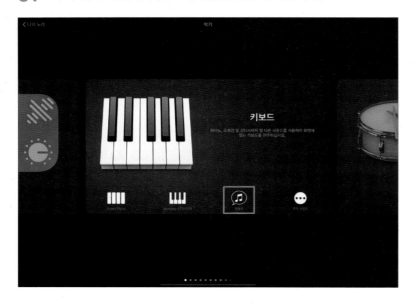

▪️**TIP** 유튜브에서 '유희열 스케치북 그레이' 등으로 검색하면 관련 영상을 찾을 수 있습니다. 해당 영상을 먼저 보면 이후 내용이 좀 더 쉽게 이해될 겁니다.

02 **[녹음]** 버튼을 누르고, 아이패드의 마이크 부분에 원하는 소리를 넣습니다.

03 활성화된 **[녹음]** 버튼을 다시 눌러서 중단하면 녹음이 완료됩니다. 아래와 같이 화살표를 슬라이드하여 녹음된 소리의 처음과 끝을 적절히 자릅니다. 이제 건반을 누르면 녹음된 소리가 해당 음으로 바뀌어 연주됩니다.

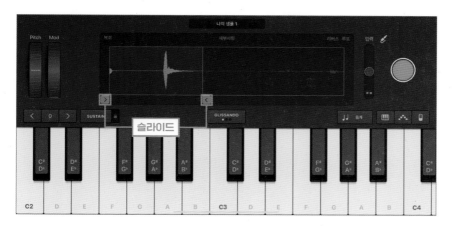

04 완성하려면 '나의 샘플 1'이라고 쓰여진 영역을 터치합니다. 여기서 녹음된 소리를 저장하고, 보관함에서 관리할 수 있습니다.

오렌지노 특강 *개러지밴드의 샘플러는 음절을 짧게 구성한다*

샘플러 기능은 동물의 울음소리 또는 우리가 원하는 목소리로 음악으로 만들고 싶을 때 활용할 수 있습니다. 다만 음절이 너무 길면 앞서 살펴본 방송처럼 코드를 연주할 수는 없습니다. 소리의 피치, 즉 음 높이를 가장 쉽게 조절하는 방법이 소리의 길이를 압축하거나 늘려 인위적으로 파형을 변형하는 것입니다. 낮은 음은 소리가 길게 늘어지고, 음이 높을수록 소리가 짧게 끊어집니다.

참고로, 그레이가 방송에서 쓴 프로그램은 이 길이도 일치시켜 주는 것이기에 코드 연주도 가능했던 것입니다. 아쉽지만, 개러지밴드의 다음 버전에서 이 부분을 개선해 주기를 기대할 수밖에 없습니다.

🎵 Face Control 시도하기

개러지밴드에는 재미있는 제어 기능이 더 있습니다. 바로 연주자의 입 모양을 인식하여 제어하는 Face Control입니다. 이 기능은 애플에서 개발한 증강 현실 기술인 ARKit의 얼굴 인식 기능을 활용합니다. 따라서 iPhone X 이상, iPad Pro와 같은 기기에서 작동하며 표정을 해석하여 사운드를 제어할 수 있습니다.

키보드에서 **[Alchemy 신디사이저]**를 열면, 얼굴 모양의 아이콘인 **[Face Control]** 버튼이 있습니다. 이 버튼을 활성화하고, 특정한 음을 누르는 동안 입 모양을 움직여 봅니다. 처음 사용한다면 카메라 접근 요청을 허용해야 합니다. 이제 아래와 같이 **[Face Control]** 버튼의 입 모양이 연주자의 입 모양과 일치하며 사운드가 제어됩니다.

LESSON

02

믹싱으로 트랙의 완성도 높이기

곡 편집은 주로 맥용 개러지밴드에서 자세하게 설정하지만, 아이패드에서도 트랙 음량, 트랙 팬(좌/우 밸런스), 플러그인과 EQ, 리버브 등을 수정할 수 있습니다.

트랙별 음량 및 팬 조절하기

01 믹싱 작업으로 작곡의 완성도를 높여보겠습니다. 여기서는 챕터 7의 실습 파일을 활용합니다. 나의 노래 화면에서 'Happy birthday to you' 프로젝트를 선택해서 열고, 트랙별로 밸런스를 잡는 믹싱 작업을 배워보겠습니다. **[트랙 제어기]** 버튼으로 트랙 설정을 활성화합니다.

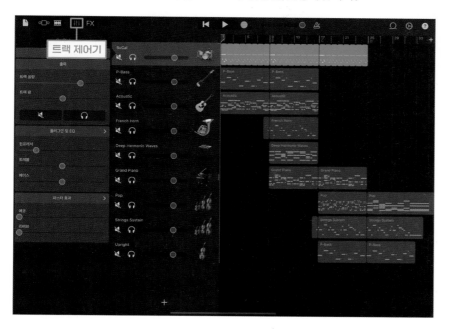

02 트랙별 음량을 조절하겠습니다. **[트랙 음량]**은 모든 트랙을 한눈에 보면서도 쉽게 조절할 수 있습니다. 재생을 하면서 유독 크게 들리는 트랙 음량의 슬라이더를 왼쪽으로 조금씩 줄이며 밸런스를 맞춥니다. 특정 트랙을 선택해서 **[음소거(Mute)]** 버튼이나 해당 트랙만 소리가 나게 만드는 **[솔로(Solo)]** 버튼을 적절히 활용하며 모든 트랙의 음량을 점검합니다.

◀ **TIP** 트랙 음량은 기본 음량이 100입니다. 최대 127까지 높일 수 있지만, 특별한 경우가 아니라면 기본으로 설정된 이상으로 높이지 않습니다.

오렌지노 특강 *스테레오 사운드의 트랙팬*

스테레오 사운드는 스피커를 좌우에 대칭으로 두고 사용하는 입체 음향 방식입니다. 스테레오 사운드의 밸런스를 의미하는 팬(PAN)은 기본적으로 좌우가 균등하게 설정되어 있습니다. 따라서 이 상태에서는 소리가 중앙에서 들리는 느낌입니다.

스테레오 사운드를 풍부하게 만들기 위해서, 노브를 좌우로 조절하면 소리의 밸런스가 이동합니다. 예를 들면, 베이스가 왼쪽에서 들리고 기타는 오른쪽에서 들리는 것처럼 각 트랙이 여러 위치에서 소리가 나는 것처럼 팬의 밸런스를 설정하면 청자는 마치 악기 연주자들 사이의 공간에 서서 음악을 듣는 것처럼 생생한 느낌을 받을 수 있습니다.

이러한 팬 조절을 잘 하려면 동시에 들리는 악기들을 가급적 균등하게 분배해야 합니다. 밴드 그룹 사운드라면 드럼, 기타, 키보드 연주자들이 실제로 서 있는 곳과 일치하게 팬 조절을 한다고 상상해 보세요. 드럼은 보통 무대 중앙의 뒤쪽에 위치하고, 한쪽에는 기타, 반대쪽에 베이스가 있으며 보컬은 중앙의 앞쪽에 오는 밴드라면 그와 동일하게 상상하며 설정하면 됩니다.

03 **[트랙 팬]**의 슬라이더를 조절합니다. 동시에 연주하는 악기들을 균등하게 배분하되, 자주 사용하는 악기는 밸런스가 깨지지 않도록 가급적 중앙에 가깝게 배치합니다. 반대로 가끔 연주하는 멜로디용 악기는 중앙에서 멀게 배치하겠습니다. A섹션은 드럼(Socal), 베이스(P－Bass), 기타(Acoustic)를 연주합니다. 드럼은 중앙에 가깝게, 베이스는 왼쪽으로, 기타는 오른쪽으로 조금씩 조절합니다.

04 B섹션은 A섹션 악기들과 관악 멜로디(French Horn)와 신디사이저 코드(Deep Harmonic Waves), 피아노(Grand Piano)를 연주합니다. 멜로디 역할을 하는 **[French Horn]** 트랙은 아주 조금만 왼쪽으로 조절합니다. **[Deep Harmonic Waves]** 트랙는 왼쪽으로 약 20% 정도를, **[Grand Piano]** 트랙은 오른쪽으로 약 25% 정도로 조절합니다. 멜로디가 왼쪽이기에 피아노를 오른쪽으로 조금 더 배치했습니다.

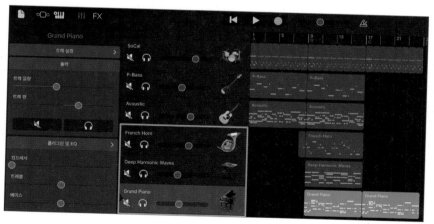

05 C섹션은 드럼 트랙과 B섹션에서 이어오는 피아노, 그리고 현악 트랙 3개로 구성되어 있습니다. 그 중 **[Pop]** 트랙은 바이올린, 비올라, 첼로, 콘트라베이스가 동시에 연주됩니다. 따라서 악기가 한쪽으로 치우친 느낌을 주지 않도록 왼쪽으로 10% 정도만 이동합니다. 멜로디를 연주하는 **[Strings Sustain]** 트랙은 왼쪽 15%, **[P-Bass]** 트랙인 Upright 베이스는 오른쪽 25% 정도로 세팅합니다. D섹션은 현악 트랙 3개만 남게 되므로 동일하게 설정하면 균등한 밸런스를 유지한 채로 곡이 마무리될 수 있습니다.

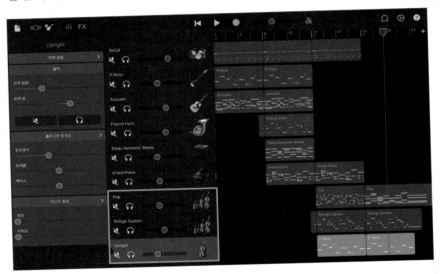

🎵 트랙 제어기 활용하기

이제 트랙을 선택한 뒤 위쪽 제어 막대에서 **[트랙 제어기]** 버튼을 눌러 트랙 편집을 시작합니다. 왼쪽의 트랙/마스터 터치의 **[트랙]**을 선택하면 해당 트랙의 제어기, EQ 등의 설정을 할 수 있습니다. 먼저 EQ에 대해 알아봅니다.

플러그인 및 EQ

[플러그인 및 EQ] 탭에서는 기본적으로 컴프레서, 트레블, 베이스를 조절할 수 있습니다. 화살표 모양의 버튼으로 세부 항목으로 들어가면 보다 상세한 편집이 가능합니다.

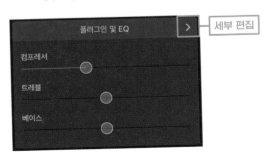

- **컴프레서:** 크고 작은 소리의 음량 차이를 압축하여 소리가 보다 단단하게 만듦
- **트레블:** 고음역의 세기를 조절하는 EQ
- **베이스:** 저음역의 세기를 조절하는 EQ

특히 세부 편집에서 '시각 EQ'를 활용하면 베이스(저음역), 미드(중음역), 트레블(고음역)을 아래와 같이 시각적으로 편집할 수 있습니다.

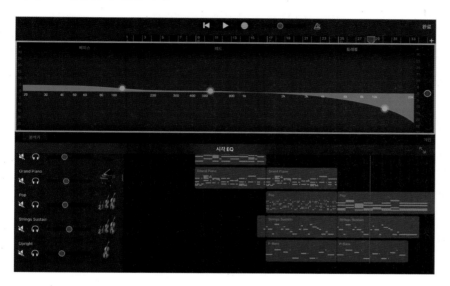

EQ(이퀄라이저, Equalizer)는 특정한 주파수 대역을 강조 또는 감소시키는 설정입니다. 스피커나 이어폰의 리뷰를 보면 '저음이 강하다', '고음역이 세다' 등의 표현이 바로 EQ 특성을 설명한 것입니다. 각 음역이 골고루 분포되어 있을 때 가득 찬 느낌을 줄 수 있으므로 완성한 음악이 풍부하게 들립니다. 우선 주파수 대역을 골고루 사용하도록 악기와 연주 음역을 분산하면 좋습니다.

우리가 작업한 'Happy birthday to you'는 저음역의 베이스, 중음역의 기타, 고음역의 피아노로 시작하여 현악 4중주로 이어지면서 전반적인 음역을 채우는 구성이기에 각 악기를 강조하는 EQ로 구성할 수 있습니다. 하지만 들리는 대로 부족한 부분을 채우는 작업은 음향 전문가의 영역이니, 느낌의 차이가 명확하지 않다면 손대지 않는 것이 더 좋을 수 있습니다. EQ 작업은 모니터 스피커로 들어야 하지만 여의치 않다면 최대한 많은 스피커와 이어폰으로 모니터링해 보는 것이 좋습니다.

🎙 오렌지노 특강 음악 제작에 적합한 스피커가 있다

곡 작업의 모니터링을 위한 스피커는 보통 '모니터 스피커(모니터링 스피커)'라고 부릅니다. 음악 제작을 위해 쓰이므로 모든 주파수 대역을 균등하게 들을 수 있습니다. 일반적인 스피커는 사운드가 더욱 풍부하게 들리게 만들기 위해, 의도적으로 EQ를 조작한 상태로 출시되는 경우가 많습니다. 이렇게 다소 왜곡된 스피커로는 정확한 EQ 모니터링이 불가하고, 의도와 다른 결과물을 만들 가능성이 높습니다.

또한 [플러그인 및 EQ]의 세부 편집 중에서 [편집]을 터치하면, 컴프레서나 효과 EQ에서 다양한 'GARAGE BAND 효과'를 추가할 수 있습니다. 이펙터는 왜곡, 코러스, 트랙 리버브 등이 있습니다. 하나씩 들으며 차이를 느껴 보세요.

마스터 효과

트랙별 에코와 리버브를 편집하는 [마스터 효과]입니다.

오렌지노 특강 *개러지밴드와 마스터 효과*

일반적인 음악 프로듀싱 작업을 이미 경험해 본 적이 있다면, 마스터 효과의 '마스터'라는 명칭 때문에 다소 기능이 헷갈릴 수도 있습니다. 왜냐하면, 일반적으로는 [트랙]은 개별 트랙만 설정할 수 있으며 [마스터]는 전체 트랙에 영향을 주는 설정이기 때문입니다. 그래서 개러지밴드에서도 [트랙]을 선택한 상태에서 표시되는 마스터 에코, 리버브도 자칫 전체 트랙에 영향을 준다고 오해할 수도 있습니다. 하지만 개러지밴드에서 [트랙]에 있는 마스터 효과는 모든 트랙에 영향을 주는 개념이 아닙니다. 개인적으로는 다음 업데이트에서 꼭 수정되길 바라는 부분입니다.

[마스터 효과]에서 현재 선택한 트랙의 에코와 리버브를 조절할 수 있습니다. 에코는 특정 박자에 맞게 메아리치는 울림을 조절하며, 리버브는 공간 크기에 따른 울림을 조절합니다. 세부 설정에서 에코와 리버브를 용도와 공간에 맞게 설정한 프리셋을 활용할 수 있습니다.

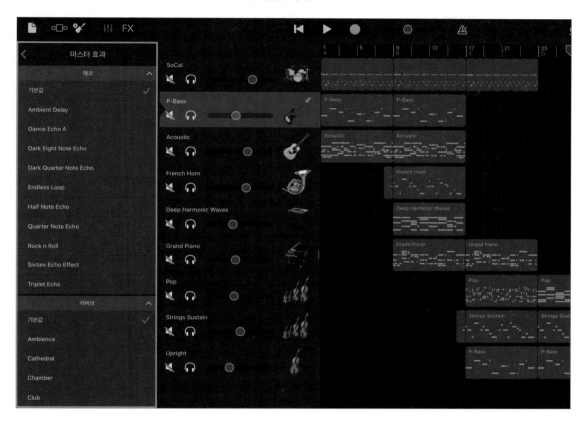

개러지밴드에서 사용하는 악기들은 각기 다른 환경에서 녹음된 것이기에 각 트랙을 듣고 조화로운 값으로 설정합니다. 예를 들어, 다소 건조하고 밋밋하게 느껴지는 트랙은 에코 또는 리버브의 강도를 강하게 조절하면 됩니다.

지금까지 아이패드와 아이폰에 있는 개러지밴드로 진행할 수 있는 믹싱 작업을 살펴보았습니다. 참고로, 맥개러지밴드나 로직 프로 등의 프로그램을 이용하면 더욱 다양한 플러그인을 활용하여 추가 작업을 할 수 있습니다. 곡에서 지나치게 도드라지는 부분을 줄이고, 조화롭게 밸런스를 잡는 믹싱 작업을 마친 후에는, 맥의 개러지밴드로 마스터링 작업까지 진행하여 곡 작업을 최종적으로 마칠 수 있습니다.

🎵 믹싱과 마스터링의 차이

모든 악기 연주(보컬 곡이라면 보컬 녹음까지 포함) 후에 진행하는 후반 작업은, 크게 믹싱과 마스터링 과정을 거칩니다. 먼저 믹싱을 진행하고 마스터링은 마지막에 합니다. 마스터링은 앞서 살펴본 것처럼, 믹싱으로 트랙별 밸런스를 잡은 후에 최종 완성곡의 형태로 추출할 수 있도록 다듬는 과정을 마스터링입니다. 따라서 마스터링에서는 전체적인 음색 보정을 하고, 음량 조절까지 확인합니다.

만약 CD로 음반을 발매한다면, 마스터링 단계에서 꼭 2가지를 체크해야 합니다. 첫 번째는 앨범에 수록된 모든 노래가 음량 수준이 일정하게 통일이 되었는지 살펴야 하며, 두 번째는 곡의 스타일이 비슷한 톤으로 보정을 거쳤는지 점검하는 것입니다. 이렇게 앨범의 마스터링을 완료하면, 다음 곡으로 넘어가더라도 이질감 없이 들을 수 있습니다.

하지만 최근에는 디지털 음원이 보편화되었으며, 음악을 듣는 사람들도 하나의 앨범을 선택하여 처음부터 끝까지 듣는 것보다 여러 가수의 곡을 연달아 듣는 경우가 많아졌습니다. 그래서 간혹 특정 곡의 볼륨이 바로 직전에 들었던 곡에 비해 유독 작게 느껴지기도 합니다. 이는 마스터링 단계에서 체크하지 못한 문제일 수도 있지만, 음원 추출 과정에서 왜곡이 발생한 상황일 수도 있습니다.

🎙 오렌지노 특강 유튜브 영상 편집을 위한 음향 마스터링

자신의 채널에서 어떤 영상을 봐도 동일한 수준을 유지하도록 음량을 편집하기에 가장 좋은 방법이 있습니다. 바로, 소음으로 느껴지지 않는 수준에서 음량을 최대한 일치시키는 것입니다. 영상 편집 프로그램에도 사운드 이펙터가 대체로 제공됩니다. 따라서 영상 안의 모든 음향 소스에 사운드 이펙터 중 노멀라이즈(Normalize), 리미터(Limiter) 등으로 조절하는 방법입니다. 그리고 나서 노이즈 게이트(Noise gate) 등의 이펙터를 사용하여 최대한 소음을 줄입니다.

또한 다양한 녹음 환경으로 구성된 영상 클립들을 편집한다면 리버브, 컴프레서 등을 활용하여 서로 다른 환경에서 녹음했던 사운드 격차를 줄일 수 있습니다. 또한 영상에 배경음악과 멘트가 동시에 나오는 구간은 배경음악이 멘트를 방해하지 않도록 음량 조절을 하는 등의 작업이 필요합니다. 이렇게 하면 유튜브 영상 편집에 음향 마스터링을 고려하여 듣기에도 편안한 영상을 만들 수 있습니다.

CHAPTER

09

AI 작곡
활용

인공지능이 음악 창작에 어떻게 기여할 수 있을까요?
AI가 음악의 새로운 창조성을
어떻게 이끌어 낼 수 있는지 살펴보고,
ChatGPT를 활용한 AI 작곡의 기본 원리와 접근법에 대해 알아봅니다.

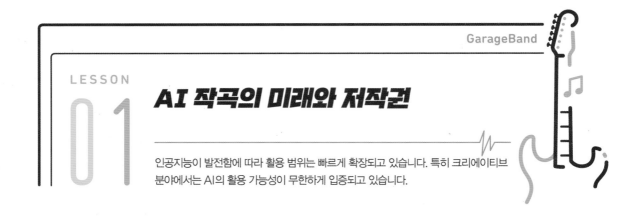

LESSON

01

AI 작곡의 미래와 저작권

인공지능이 발전함에 따라 활용 범위는 빠르게 확장되고 있습니다. 특히 크리에이티브 분야에서는 AI의 활용 가능성이 무한하게 입증되고 있습니다.

ChatGPT와 AI 작곡

음악 산업에서는 AI를 활용한 작곡이 이제는 놀라운 시도가 아니라 현실이 되고 있습니다. 이러한 변화의 중심에는 대화형 AI 챗봇인 ChatGPT가 있습니다.

원래 ChatGPT는 자연어 처리와 대화형 시스템을 위해 개발되었습니다. 그런데 그 활용도가 이를 훨씬 넘어섰습니다. ChatGPT는 대량의 데이터에서 패턴을 학습하고 이를 새로운 문맥에서 적용하는 능력을 가지고 있습니다. 이는 곧, 세상의 여러가지 음악에 대한 광범위한 이해와 관련 데이터를 학습함으로써, 새로운 음악 작품을 생성할 수 있다는 뜻입니다.

뮤지아(MUSIA)

국내에서는 기업 크리에이티브마인드에서 최초로 작곡 AI 이봄(EVOM) 기술을 개발하여 이를 탑재한 작곡 보조 프로그램 뮤지아(MUSIA)를 상용화하였습니다. 뮤지아를 활용하면 쉽게 코드 진행과 멜로디를 생성할 수 있습니다.

뮤지아를 활용하면 작곡에서 가장 중요한 창작의 영역이라 할 수 있는 멜로디까지 생성이 가능하기 때문에, 국내의 IT 기술을 활용한 작곡의 수준이 상당히 높아졌다고 할 수 있습니다.

에이바(AIVA)

글로벌 AI 작곡 서비스로는 AIVA가 있습니다. AIVA로 감성적인 음악을 손쉽게 생성할 수 있습니다. AIVA의 홈페이지를 살펴보면, 프로용 유료 구독 모델 이용 시 생성된 음악의 저작권을 소유할 수 있다고 소개하고 있습니다.

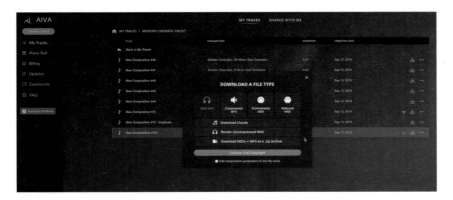

그 외에 Amper Music, Soundful, Ecrett Music, Soundraw 등의 AI 음악 생성 도구가 있습니다. 또한 ChatGPT를 활용해도 작곡 과정을 직접적으로 도움받을 수 있습니다.

🎵 AI 작곡의 저작권 이슈

AI 음악 생성 도구를 활용한 작곡에 대한 저작권을 주장할 수 있을까요? 최근 AI 기반의 작곡 등 다양한 창작 분야에 대한 저작권 이슈가 크게 대두되고 있으며, 국내외로 활발한 논의 중입니다.

국내의 이슈들

2022년 7월, AI 작곡가 이봄(EVOM)의 곡에 대해 저작권 지급이 중단된 바 있는데, 이는 현재의 저작권 법에 따르면 '저작자'는 '저작권을 가진 사람'으로 규정되기 때문입니다. AI 작곡가가 저작권을 행사하는 일은 2023년 6월 기준 현행법상 불가능합니다.

국내 대표 음악 저작권 협회인 사단법인 한국음악저작권협회는 2023년 3월 29일에 AI(인공지능) 등 미래 기술과 관련하여 발생할 수 있는 저작권 문제에 선제적으로 대응하고자 'AI 대응 TFT'를 꾸렸습니다. 기술의 발전에 비하면 제도적인 개선 속도는 다소 더딘 상황이지만, 국내 전문가들도 '미래 문화예술교육 포럼', '2023 콘텐츠산업포럼' 등에서 법적 또는 제도 정비를 위한 노력을 하고 있습니다.

해외의 이슈들

해외 사례도 마찬가지입니다. AI가 창작을 위한 학습을 하려면 기존에 있는 자료를 채굴하는 데이터 마이닝이 필요합니다. 이 과정에서 원작자의 저작권을 침해할 수도 있기에 이 부분에 대한 논의가 활발합니다. 집필 시기를 기준으로는, EU의 DSM 저작권 지침(디지털단일시장 저작권 지침) 그리고 일본의 저작권법은 AI 학습 데이터 마이닝에 제한을 두지 않고 있습니다.

정리하자면, 타인의 저작권을 침해하지 않는 선에서 AI를 통해 작곡에 도움을 받는 경우에 한해서는 AI 작곡에 대한 저작권을 인정해 주는 방향이 대세가 되고 있습니다.

GarageBand

LESSON 02
ChatGPT를 작곡에 활용하기

가장 먼저 곡의 기본 구성을 설정해야 합니다. 우선 원하는 장르를 결정하고 ChatGPT에게 장르에 따른 곡 구성을 질문합니다.

♫ 키와 템포 구하기

마침 지금은 K-pop의 세계화를 더욱 가슴 깊이 느낄 수 있는 시기이므로 여기서는 K-pop 구성으로 추천을 받아보겠습니다. 먼저 영상으로 전체 과정을 확인하세요.

영상으로 확인하기

> ◀ **TIP** ChatGPT는 같은 질문에 완벽히 동일한 답변을 하지 않습니다. 답을 찾기 위해 매번 새로 작업이 진행되고, GPT 버전과 플러그인 등 다양한 요인에 따라 다른 답변이 나올 수 있습니다. ChatGPT를 작곡에 활용하려면, 이러한 방식이 있다는 정도의 참고 자료로 살펴보시기 바랍니다.

오렌지노 세련된 K-pop 스타일 음악에 적합한 키와 템포를 추천해줘.

ChatGPT K-pop 음악은 다양한 장르와 스타일을 포함하고 있어서 특정 키와 템포를 추천하기는 어렵습니다. 그러나, 대체로 가벼운 댄스 트랙은 120-130 BPM (비트-분당) 범위에 있으며, 더욱 역동적인 트랙은 그 이상의 템포를 가질 수 있습니다.

또한, 대부분의 K-pop 음악은 주요 (Major) 키를 사용합니다. 이는 곡이 밝고 긍정적인 느낌을 주는 데 도움이 됩니다. 반면에, 마이너 (Minor) 키는 보다 감성적이거나 슬픈 노래에 사용됩니다.
대표적인 K-pop의 키와 템포 예시로는 다음과 같습니다.

"Dope" by BTS: 98 BPM, B Major
"Fancy" by TWICE: 100 BPM, E Major
"Love Scenario" by iKON: 144 BPM, G Major

이런 식으로 특정 곡의 키와 템포를 참고하며 세련된 K-pop 스타일을 만드는 데 참고하실 수 있습니다.

개러지밴드에서 새 프로젝트를 열어 곡 설정을 합니다. 추천을 받은 내용을 참고하여 가벼운 댄스 트랙인 128 BPM으로, 키는 BTS의 "Dope(쩔어)"를 따라 B Major로 설정하겠습니다.

- **템포:** 128
- **박자표:** 4/4
- **조표:** B장조

🎵 곡 구성과 코드 진행 구하기

이번에는 곡 구성과 코드 진행을 구하겠습니다. 연달아 질문을 할 때는 앞선 답변에 이어지도록 아래와 같이 구체적으로 질문을 합니다.

오렌지노 128 BPM, B Major의 K-pop 스타일의 가벼운 댄스곡의 구성과 코드 진행을 보여줘.

ChatGPT 먼저, 128 BPM은 전형적인 댄스 음악 템포로, EDM 스타일의 K-pop 곡을 구성하는 데 매우 적합합니다. B Major 키는 밝고 희망적인 느낌을 줍니다. 그러나, 각 부분의 구체적인 내용은 곡의 특성과 아티스트의 스타일에 따라 크게 다릅니다.

여기 일반적인 댄스 트랙 구조와 간단한 코드 진행 예시를 제공하겠습니다:

구조:
1. Intro (소개)
2. Verse 1 (절 1)
3. Pre-Chorus (프리-코러스)
4. Chorus (코러스, 후렴구)

ChatGPT의 추천을 토대로, 곡 구성을 개러지밴드 섹션별로 정리합니다. 코드 진행은 한 코드에 2마디씩 총 8마디의 반복 구성입니다.

섹션	구성	코드
A	Intro(소개)	B – E – F# – E
B	Verse 1(절 1)	B – E – B – E
C	Pre–Chorus(프리–코러스)	F# – G#m – E – F#
D	Chorus(코러스, 후렴구)	B – E – F# – E
E	Verse2(절2)	B – E – B – E
F	Pre–Chorus(프리–코러스)	F# – G#m – E – F#
G	Chorus(코러스, 후렴구)	B – E – F# – E
H	Bridge(브릿지)	F# – G#m – E – F#
I	Chorus(코러스, 후렴구)	B – E – F# – E
J	Outro(아웃트로)	B – E – F# – E

그룹별로 코드 반주 넣기

이제 이 곡 구성을 바탕으로 개러지밴드로 녹음을 시작합니다. 먼저 드럼 비트와 신디사이저 Pad 코드 반주만 기본적으로 넣겠습니다.

01 악기 선택 화면에서 ❶ [Drummer]의 ❷ [어쿠스틱]을 열고, Drummer 사운드는 ❸ [송라이터]의 [Darcy]를 선택합니다. ❹ 드러머로 비트를 넣었으니 메트로놈은 꺼둡니다.

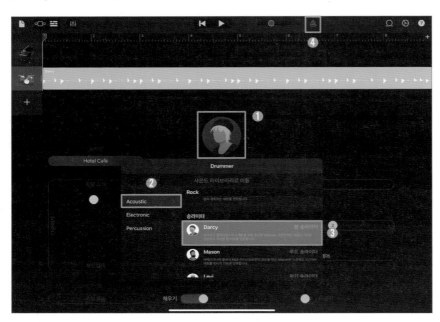

02 ❶ [프리셋]에서 리드미컬한 K-pop을 구현하기 좋은 ❷ [Soul Searching]을 선택합니다.

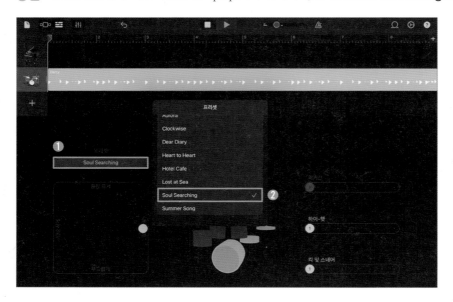

03 코드 진행이 동일한 그룹끼리 총 3개로 나누어 드럼과 신디사이저 녹음을 한 뒤 세부적인 섹션으로 나누겠습니다.

섹션	구성	코드
A	Intro(소개)	B – E – F# – E
B	Verse 1(절 1)	B – E – B – E
C	Pre-Chorus(프리-코러스)	F# – G#m – E – F#
D	Chorus(코러스, 후렴구)	B – E – F# – E
E	Verse2(절2)	B – E – B – E
F	Pre-Chorus(프리-코러스)	F# – G#m – E – F#
G	Chorus(코러스, 후렴구)	B – E – F# – E
H	Bridge(브릿지)	F# – G#m – E – F#
I	Chorus(코러스, 후렴구)	B – E – F# – E
J	Outro(아웃트로)	B – E – F# – E

- **그룹 1** ▢: A, D, G, I, J
- **그룹 2** ▢: B, E
- **그룹 3** ▢: C, F, H

04 이제 모든 섹션에 기본적으로 코드 반주를 신디사이저로 2마디씩 넣겠습니다. 연주는 AutoPlay로 합니다. 악기 선택 화면에서 **[키보드]**의 **[Smart Piano]**를 열고, 세부 악기는 **[Synth Pads]**의 **[Lotus Pond]**를 선택합니다. 이 악기는 다른 악기와 조화롭게 어울리기 때문에 AutoPlay로 연주하면 잔잔한 코드 반주로 어울립니다.

05 이제 A섹션을 녹음합니다. 그룹 1의 코드 진행인 'B − (B) − E − (E) − F# − (F#) − E − (E)'로 AutoPlay 의 패턴 [1]을 사용합니다.

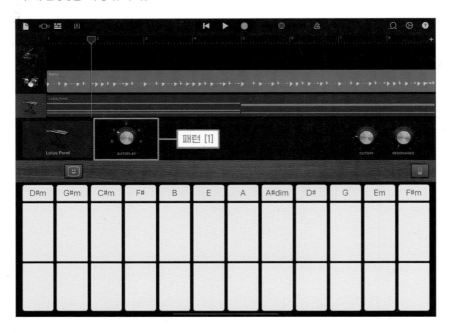

06 이제 [노래 섹션]을 추가하여 B섹션을 녹음합니다. 빈 섹션을 추가해도 Drummer는 자동으로 포함 됩니다. 그룹 2의 코드 진행은 'B − (B) − E − (E) − B − (B) − E − (E)'입니다. 악기는 여전히 신디사이저의 [Lotus Pond]를 그룹 1과 마찬가지인 패턴 [1]로 녹음합니다.

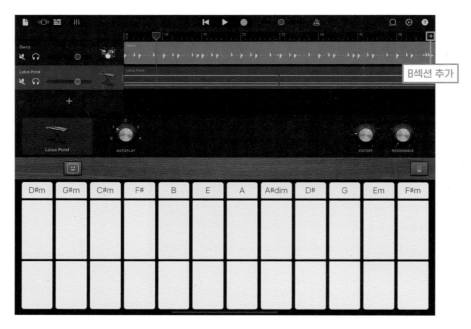

07 **[노래 섹션]**을 다시 추가하여 C섹션을 녹음합니다. 그룹 3의 코드 진행은 'F# – (F#) – G#m – (G#m) – E – (E) – F# – (F#)'입니다. 이제 총 3가지 종류의 그룹으로 나눈 섹션들에 아주 기본적인 리듬과 코드 반주를 완성했습니다.

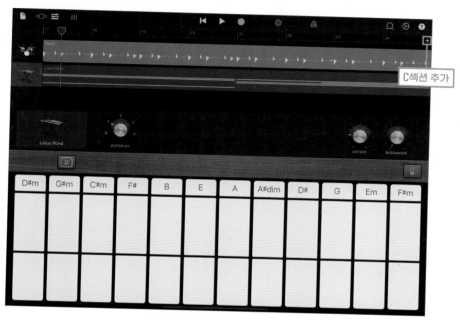

🎵 악기 구성 및 코드 구하기

이번에는 섹션별 악기 구성 및 코드를 녹음하겠습니다. ChatGPT에게 악기 구성 추천을 구합니다.

오렌지노 이 곡 구성에 어울리는 구간별 악기 구성을 추천해줘.

ChatGPT 음악 구성에 사용되는 악기는 곡의 분위기, 스타일, 장르 등에 크게 영향을 받습니다. K-pop 곡의 경우, 전자음악 요소가 많이 사용되며, 또한 어쿠스틱한 악기들도 주로 사용됩니다. 아래는 기본적인 K-pop 댄스곡 구성에 어울리는 악기 구성을 제시한 것입니다.

Intro (소개): 이 부분은 전체적인 곡의 분위기를 설정합니다. 시냅스, 드럼 루프, 피아노, 가벼운 신스 사운드 등이 사용될 수 있습니다.

Verse 1 & 2 (절 1 & 2): 베이스라인과 드럼(전자 또는 아날로그), 가볍게 연주되는 신스와 기타, 그리고 필요에 따라 피아노나 패드 등이 활용될 수 있습니다.

Pre-Chorus (프리-코러스): 빌드업에 사용되는 악기가 추가될 수 있으며, 스냅, 클랩, 신스 리드, 그리고 감성적인 스트링스 등이 사용될 수 있습니다.

Chorus (코러스, 후렴구): 여기서는 전체적인 사운드가 풍부해지고, 드럼, 베이스, 신스 리드, 백그라운드 패드, 스트링스, 퍼커션 등이 더해져 곡의 정점을 만듭니다.

Bridge (브릿지): 브릿지에서는 분위기가 바뀌며, 보통 악기들이 감소하거나 바뀝니다. 피아노 솔로, 감성적인 신스, 스트링스 등이 사용될 수 있으며, 때로는 드럼이나 베이스가 사라질 수도 있습니다.

Outro (아웃트로): 아웃트로에서는 악기들이 서서히 사라지며 곡을 마무리합니다. 드럼, 베이스가 줄어들고, 남은 신스나 피아노, 패드 사운드 등이 점점 사라집니다.

다시 한번 강조하지만, 이것들은 단지 예시에 불과하며, 실제로는 각 곡이나 아티스트의 스타일에 따라 악기의 선택이나 사용 방식은 크게 달라질 수 있습니다. 자신만의 고유한 사운드와 스타일을 찾는 것이 중요합니다.

◀TIP 이대로는 보기 편하지 않을 것 같아, 표로 다시 만들어달라고 부탁했습니다. 이런 방법도 활용해 보세요.

구조	악기 구성
Intro (소개)	시냅스, 드럼 루프, 피아노, 가벼운 신스 사운드 등
Verse 1 & 2	베이스라인, 드럼(전자 또는 아날로그), 가볍게 연주되는 신스와 기타, 피아노나 패드 등
Pre-Chorus	빌드업용 악기, 스냅, 클랩, 신스 리드, 감성적인 스트링스 등
Chorus	드럼, 베이스, 신스 리드, 백그라운드 패드, 스트링스, 퍼커션 등
Bridge	피아노 솔로, 감성적인 신스, 스트링스 등. 드럼이나 베이스가 감소할 수도 있음
Outro (아웃트로)	악기들이 서서히 사라짐. 드럼, 베이스 감소, 신스나 피아노, 패드 사운드 등이 점점 사라짐

그룹 1 구성하기

이제 그룹 1을 인트로, 코러스, 아웃트로로 나누어 구성해야 합니다. 가장 많은 악기를 넣을 코러스부터 구성한 뒤, 다른 부분은 악기를 빼는 방식으로 진행하겠습니다. 이미 녹음한 드럼과 백그라운드 패드인 신디사이저를 제외하고 총 5개의 트랙(신스 리드, 스트링스, 퍼커션, 피아노, 베이스)을 추가하겠습니다.

01 A섹션의 코드 B−(B)−E−(E)−F#−(F#)−E−(E)입니다. 트랙 3에 **[키보드]**−**[Synth Leads]**−**[Fifties Sci Fi]**를 추가합니다. 이 악기를 AutoPlay의 패턴 **[3]**으로 연주 및 녹음합니다.

02 트랙 4에 **[스트링]**-**[Smart Strings]**-**[Modern]**을 추가합니다. 패턴 **[1]**으로 위와 동일한 코드를 연주 및 녹음합니다.

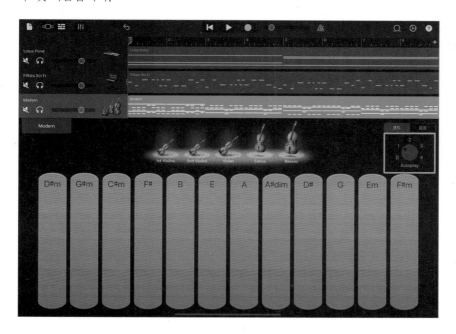

03 트랙 5에 퍼커션인 **[드럼]**-**[비트 시퀀서]**를 추가합니다. 비트 시퀀서 화면에서 아래와 같이 2박, 4박에 박수 소리를 넣어줍니다. ❶ 가로 16개의 칸 중 5번째, ❷ 13번째 칸을 터치하여 활성화시킨 후에 ❸ **[녹음]** 버튼을 눌러 8마디를 모두 채워줍니다.

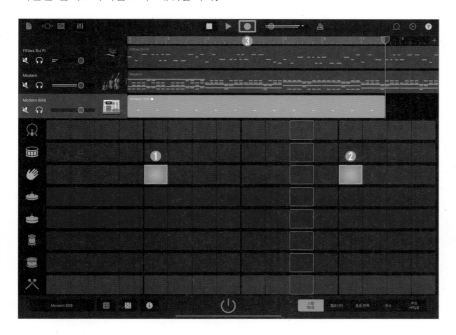

04 트랙 6에 [키보드]-[Smart Piano]-[Grand Piano]를 추가합니다. 동일한 코드를 패턴 [4]로 연주 및 녹음합니다.

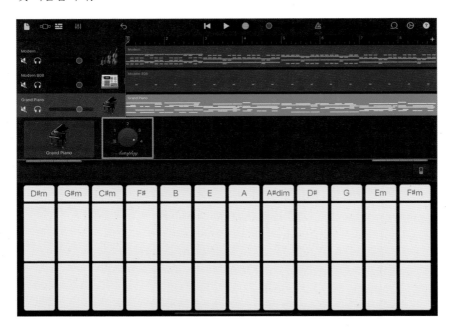

05 트랙 7에 [베이스]-[Smart Bass]-[P-Bass]를 추가합니다. 동일한 코드를 패턴 [4]로 연주 및 녹음합니다.

06 기존에 있던 2개의 트랙에 지금까지 트랙 5개를 추가하여 A섹션에 총 7개의 트랙이 아래와 같이 완성되었습니다. 이제 그룹 2와 그룹 3에 해당하는 B, C 섹션을 채워서 각 섹션별 분배로 넘어가겠습니다.

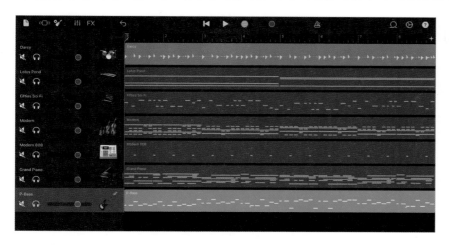

그룹 2 구성하기

01 B섹션의 코드 진행은 'B−(B)−E−(E)−B−(B)−E−(E)'입니다. 드럼, 신스 패드, 베이스, 추가 신디 사이저, 기타를 활용하겠습니다. 먼저 A섹션에서 추가한 트랙 7의 베이스를 AutoPlay의 패턴 **[1]**로 녹음합니다.

02 트랙 8은 **[키보드]**-**[Alchemy 신디사이저]**-**[Alchem Synth]**-**[Stringed]**-**[Beautiful Synth Harp]**를 추가합니다. B섹션 코드로 AutoPlay의 패턴 **[2]**를 연주 및 녹음합니다.

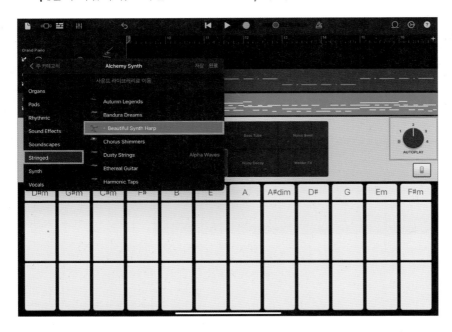

03 트랙 9는 **[기타]**-**[Smart Guitar]**-**[Acoustic]**을 추가합니다. 위와 동일한 코드를 AutoPlay의 패턴 **[1]**으로 연주 및 녹음합니다. 지금까지 아래와 같이 9개 트랙 중 5개 트랙이 채워졌습니다.

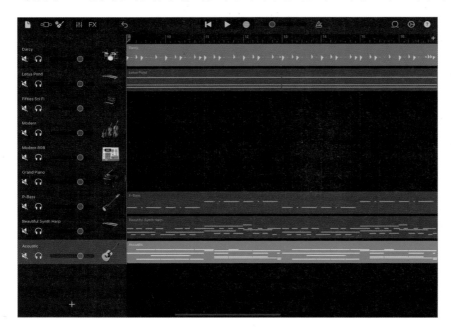

그룹 3 구성하기

코드 진행은 'F#−(F#)−G#m−(G#m)−E−(E)−F#−(F#)'입니다. 지금까지 추가한 총 9개의 트랙 중에서 드럼, 신스 패드, 신스 리드, 스트링, 퍼커션(박수), 베이스, 기타 트랙을 활용합니다. 그룹 3은 새로운 악기를 추가하지 않겠습니다.

01 트랙 3에 악기 그대로 AutoPlay의 패턴 [2], 트랙 4에 악기 그대로 패턴 [2], 트랙 5에 비트 시퀀서의 박수(클랩) 그대로 A섹션과 동일하게 녹음, 트랙 7에 악기 그대로 패턴 [3], 트랙 9에 악기 그대로 패턴 [3]을 녹음합니다.

02 이와 같이 녹음하면 아래와 같이 C섹션이 채워집니다.

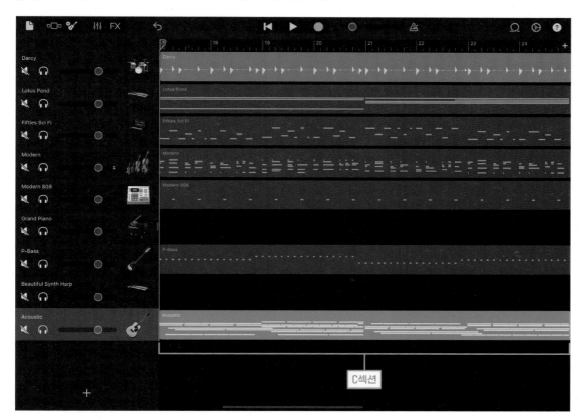

곡 구성에 따라 섹션을 추가하여 배치

이제 3가지 그룹으로 만든 섹션을 곡의 구성에 맞게 10개로 복제하여 순서에 맞게 배치하겠습니다. A부터 J까지 총 10개의 섹션을 만들 예정입니다. 우선은 각 섹션이 곡의 구조(Song Form)에서 어떤 역할을 하는지 곡 구성을 살펴봅니다.

섹션	명칭	특징
A	Intro(소개)	음악의 시작. 전주
B	Verse 1(절 1)	멜로디의 시작. 1절의 시작
C	Pre-Chorus(프리-코러스)	코러스 전 고조되는 분위기
D	Chorus(코러스, 후렴구)	가장 강조되는 후렴구
E	Verse 2(절 2)	2절의 시작
F	Pre-Chorus(프리-코러스)	2번째 코러스 전 고조되는 분위기
G	Chorus(코러스, 후렴구)	2번째 코러스
H	Bridge(브릿지)	코러스 반복 전, 변화를 주어 연결
I	Chorus(코러스, 후렴구)	마지막 코러스 반복
J	Outro(아웃트로)	음악을 끝내기 위해 부드럽게 마무리

01 A, B, C 섹션을 순서에 맞게 복제합니다. **[노래 섹션]** 창을 열어 아래 명시한 순서를 잘 보면서 따라 하세요.

- A섹션 선택 후 복제하여 D섹션 생성

- B섹션 선택 후 복제하여 E섹션 생성

- C섹션 선택 후 복제하여 F섹션 생성

- A섹션 선택 후 복제하여 G섹션 생성

- C섹션 선택 후 복제하여 H섹션 생성

- A섹션 선택 후 복제하여 I섹션 생성

- A섹션 선택 후 복제하여 J섹션 생성

02 섹션을 모두 구성했다면 다음과 같은 상태가 될 것입니다.

03 이제 **[모든 섹션]**을 선택하여 전체 곡 구성을 편집하겠습니다. 채운 영역에서 하나씩 덜어내는 과정으로 진행합니다.

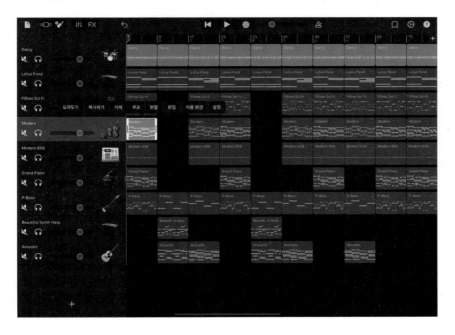

04 아래 명시한 섹션별 트랙 영역을 터치한 뒤 삭제를 눌러 덜어내는 과정입니다.

- **A섹션:** 4, 5 트랙 영역 삭제
- **B섹션:** 8 트랙 영역 삭제
- **C섹션:** 4 트랙 영역 삭제
- **D섹션:** 6 트랙 영역 삭제
- **F섹션:** 3 트랙 영역 삭제
- **G섹션:** 3 트랙 영역 삭제
- **J섹션:** 3, 4, 5 트랙 영역 삭제

05 이대로 영역을 덜어내면 아래와 같이 구성이 정리됩니다.

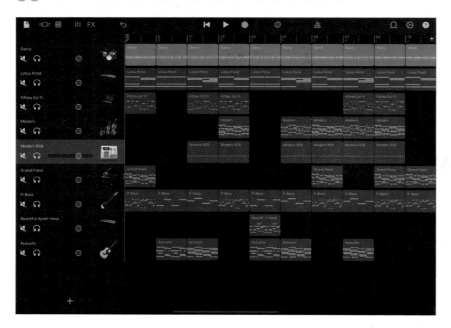

06 이제 Drummer를 섹션별로 변화를 줍니다. Intro, Verse, Outro와 같이 잔잔한 부분은 '단순하게', '부드럽게'에 가까운 쪽으로 이동하여 섹션별 드럼 연주 강도를 수정합니다.

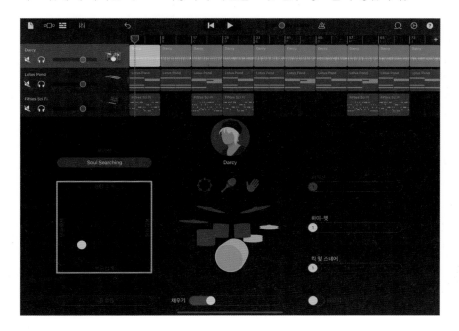

07 코러스가 나오기 전 섹션인 프리 코러스, 브릿지에 해당하는 C, F, H 섹션은 채우기 정도를 높여 코러스로 넘어가기 전에 고조되는 분위기를 연출합니다. 이제 ChatGPT에 추가로 멜로디 음과 리듬 및 가사를 요청하면 보컬에 활용할 멜로디도 추가할 수 있습니다. 다만 ChatGPT가 멜로디 생성에 특화된 AI도구는 아니기에, 이 부분은 별도의 음악 생성 AI 도구를 활용하는 것을 추천합니다. 이 책의 강의에선 보컬 멜로디는 생략하고, 믹싱 및 음원 추출로 넘어가겠습니다.

🎵 믹싱 및 음원 추출하기

이제 지금까지 만든 모든 트랙을 재생하면, 소리가 유독 큰 악기가 있는지 전반적인 트랙 음량부터 조절해 보도록 합니다.

트랙 음량 조절

트랙 4의 스트링이 유난히 큰 소리이기에 가장 많이 줄이고, 신스 리드, 베이스 등도 적절히 줄여 다음과 같은 볼륨 구성이 되도록 조절합니다.

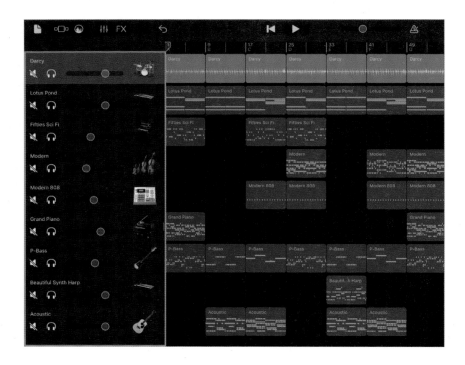

팬 조절

다음은 팬 조절입니다. 드럼과 베이스를 제외한 아래 트랙들을 방향에 맞게 팬 조절을 합니다. 트랙 2, 4, 9 는 왼쪽으로, 트랙 3, 5, 6, 8는 오른쪽으로 조절했습니다. 이제 트랙별 좌우 분리가 되어 공간감이 넓어졌습니다.

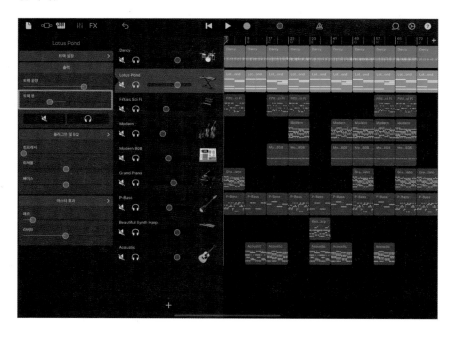

리버브 추가 및 완성

리버브는 특히 어쿠스틱 악기의 리버브 양을 늘려 보다 넓은 공간에서 연주하는 느낌을 줍니다. 트랙 4, 6, 9의 리버브를 주로 높입니다. 이제 공간감도 더 넓어졌습니다. 이렇게 기본적인 믹싱은 끝났습니다.

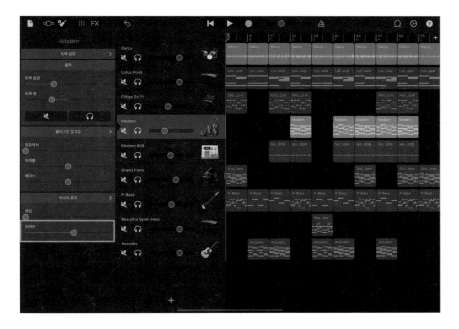

나의 노래 화면으로 돌아가 작업한 곡의 이름을 변경합니다. 이렇게 K-pop 스타일의 AI 작곡이 완성되었습니다. 이 작업물을 공유하여 음악 앱 등을 통해 들어보세요. ChatGPT 도움을 받아 만든 음악이라고 믿겨지시나요?

아이패드에서 무료로 사용할 수 있는 개러지밴드는 우리 모두에게 음악 창작 활동을 할 수 있는 기회를 제공합니다. 그러므로 아이패드만 있으면 누구나 작곡을 경험해 볼 수 있습니다. 이러한 경험은 단순한 취미 활동이 아니라, 창의력과 개성을 키우는 데 중요한 역할을 할 것입니다.

아이패드 개러지밴드를 이용해 연주와 작곡을 경험해 보면서 표현의 자유를 만끽하고, 다양한 실험 정신을 발휘하면서 즐거움을 느껴 보세요. 이러한 즐거움이 바로 음악 창작의 본질입니다. 그러므로 이 책을 통해 단순히 아이패드를 사용하여 음악을 만드는 기술적인 방법만 알려 주는 것이 아니라, 그 과정에서 창조적인 아이디어를 떠올리는 방법과 탐구를 시도할 수 있는 용기를 전하고 싶었습니다.

우리는 아이패드라는 창조적인 표현의 캔버스를 통해 언제 어디서든 음악을 만들 수 있는 편리함을 누릴 수 있게 되었습니다. 공원에서 모닝 커피를 마시며, 대중교통을 이용하며, 혹은 잠들기 전에 침대에 누워서까지…. 음악적 창조성을 자유롭게 펼칠 수 있는 이동식 스튜디오가 언제나 곁에 있는 셈입니다.

여러분은 지금까지 저와 함께 악기 연주부터 시작하여 루프 샘플링, 음악 프로듀싱까지 음악 생활이라는 새로운 가능성의 세계를 경험했습니다. 또한, 마지막으로 소개했던 AI 챗봇인 ChatGPT는 새로운 음악적 가능성의 세계를 더욱 가깝게 만들어 주는 도구 중 하나입니다. ChatGPT는 작곡에 있어서 전문적인 지식이 없는 사람들에게도 창작의 장벽을 낮춰 주는 도구로 화제가 되고 있습니다. AI 작곡 프로그램의 저작권 문제와 같은 고민도 이 책에서 함께 살펴본 화두입니다.

지금까지 아이패드를 이용한 디지털 드로잉이 인기를 끌고 있습니다. 이 책을 시작으로 디지털 드로잉을 뛰어넘는 디지털 작곡이라는 새로운 취미가 대중화되길 바라 봅니다. 무엇보다 여러분 스스로가 직접 곡을 만들고, 음악으로 자신을 표현하는 즐거움을 찾으시길 바랍니다.

진솔한 서평을 올려 주세요!

이 책 또는 이미 읽은 제이펍의 책이 있다면, 장단점을 잘 보여주는 솔직한 서평을 올려 주세요.
매월 최대 5건의 우수 서평을 선별하여 원하는 제이펍 도서를 1권씩 드립니다!

▪ **서평 이벤트 참여 방법**
 ❶ 제이펍 책을 읽고 자신의 블로그나 SNS, 각 인터넷 서점 리뷰란에 서평을 올린다.
 ❷ 서평이 작성된 URL과 함께 review@jpub.kr로 메일을 보내 응모한다.

▪ **서평 당선자 발표**
 매월 첫째 주 제이펍 홈페이지(www.jpub.kr) 및 페이스북(www.facebook.com/jeipub)에 공지하고,
 해당 당선자에게는 메일로 개별 연락을 드립니다.

독자 여러분의 응원과 채찍질을 받아 더 나은 책을 만들 수 있도록 도와주시기 바랍니다.